阅读 如此美好

——成都市武侯区中学语文阅读素养培育实践

主　编／张　翔
副主编／刘艳梅　徐畅唱　向　凡　苟　斌　杨　孜
编　委／张金成　聂　洪　何　悦　杨　专　袁　欢
　　　　罗晓彤　钱　微　冷琼辉　屈　敏　李　华
　　　　喻雪丽　胡　颂　段　昕　关晴兮

西南交通大学出版社

图书在版编目（CIP）数据

阅读如此美好：成都市武侯区中学语文阅读素养培育实践 / 张翔主编. —成都：西南交通大学出版社，2023.5

ISBN 978-7-5643-9292-5

Ⅰ.①阅… Ⅱ.①张… Ⅲ.①阅读课–教学研究–中学 Ⅳ.①G633.332

中国国家版本馆 CIP 数据核字（2023）第 088901 号

Yuedu Ruci Meihao——Chengdu Shi Wuhou Qu Zhongxue Yuwen Yuedu Suyang Peiyu Shijian

阅读如此美好——成都市武侯区中学语文阅读素养培育实践

张 翔　主编

责 任 编 辑	何宝华
封 面 设 计	墨创文化
出 版 发 行	西南交通大学出版社 （四川省成都市金牛区二环路北一段 111 号 西南交通大学创新大厦 21 楼）
发行部电话	028-87600564　028-87600533
邮 政 编 码	610031
网　　　址	http://www.xnjdcbs.com
印　　　刷	四川煤田地质制图印务有限责任公司
成 品 尺 寸	170 mm × 230 mm
印　　　张	12.5
字　　　数	207 千
版　　　次	2023 年 5 月第 1 版
印　　　次	2023 年 5 月第 1 次
书　　　号	ISBN 978-7-5643-9292-5
定　　　价	70.00 元

图书如有印装质量问题　本社负责退换
版权所有　盗版必究　举报电话：028-87600562

前 言 //PREFACE

作为一线教师，从初出茅庐的大学生到成为教学骨干或中坚力量，即使成长得比较快也往往需要近十年的时间，而若要成为被社会认可的名优教师就需要更多的时间与历练。成为名优教师自然不是我们的终极目的，但也是教师职业发展道路上的一种追求。

任何名师都不是培训出来的，也不是别人"打造"的，而是"自己培养自己"，这个"自己培养自己"的途径之一，就包括主动追随大师思想，主动学习同行经验，主动吸收各家养料，主动超越自身不足……而"武侯区名师工作室"的成立，恰好为我以及身边的同道语文人搭建起了同伴互助的平台、培养自己的舞台。

作为一名普通高中语文教师，我于2020年有幸成为成都市武侯区名师工作室领衔人。通过遴选和组织审核的方式，区内外17名中学语文教师加入工作室队伍，成为语文路上的"合伙人"。我给工作室取名"张翔名师工作室一起前行"，其初衷是希望我们"十八罗汉"在专业发展的前行之路上能凝聚成一股力量，"情怀互相感染、思想互相碰撞、智慧共同享用、灵魂彼此照亮"。

工作室成立以来，坚持打造"学习、反思、研究、分享"的语文教研共同体，以语文课堂为主阵地，开展教学研究、课题研究、案例分享等研修活动。在结伴而行的过程中，大家尤其感到阅读对于语文老师素养提升、专业发展和课堂教学具有极其重要的意义，于是2021年我们申报了四川省哲学研究基地、四川省教师研究中心的课题"中学语文教师阅读素养的培育——以武侯区为例"，并有幸立项成功。

高尔基说，"书籍是人类进步的阶梯"，随着时代的发展，阅读在生活中的重要性已经在多方面凸显出来，阅读改善生活的理念逐渐成为国家民族乃至全世界的共识。在此背景下，尤其是随着国家课程标准改革的推进，既是阅读者又是学生阅读引导者的中学语文老师在全员阅读活动过程中的作用突出，我们应该积极主动培育自己的阅读素养，一方面增加自己的生活意趣，拓深自己的思想境界，改善自己的生活状态；另一方面提升自己的工作水平，在思想理念与人文素养上对学生进行引领，实现素养的共同培育，进而增强国家的精神文明力量。

在此契机之下，我们以省级课题研究为依托，聚焦"中学语文教师阅读素养的培育"，在工作室开展研读新课标、"悦"读推广人荐书、"阅读的力量"教师演讲、"暑期共读·书香致远"读书征文等系列活动，伙伴们大力开展阅读教学实践，把阅读智趣融入语文教学，把阅读实践提炼成一篇篇阅读笔记、教学设计、教学反思、学术论文等，以期与更多语文同行人分享。

阅读如此美好，成长如此美妙，本书正是在这样的环境下自然发酵、酝酿而成。从编排上来看，本书由"整本书阅读教学设计""整本书读后感"两大主体构成，旨在向读者展示我们如何通过以读促教来优化语文课堂教学。从内容上来看，本书蕴含丰富、涉猎广泛，涵盖小说、诗歌、散文、戏剧、人物传记、学术理论著作等古今中外、不同类型的经典著作，对于开拓一线教师阅读视野颇具价值。另外，这部书还有对《呐喊》《艾青诗选》整本书阅读教学的同课异构的记录，让我们在不同的视角下收获不同的启示。

"半亩方塘一鉴开,天光云影共徘徊。"近三年来,伙伴们以书香为伴,共同追求教育的美好姿态,不仅在教育教学中取得了一定成绩,同时也得到了学生、家长、学校、社会的广泛认可,有老师被评为成都市优秀青年教师、成都市教坛新秀、武侯区骨干教师,有老师在省市级赛课中获得一等奖,优秀论文发表在《人民教育》等期刊……能够见证他们的成长,我甚感欣慰。

正值工作室成果集出版之际,在此特别感谢武侯区教育局为我们搭建专业化成长的平台,助力我们追求理想的教育;感谢武侯高级中学以及工作室成员所在的学校给予我们研修的大力支持;感谢西南大学关晴兮在统稿、校稿中所做的工作;感谢西南交通大学出版社的李晓辉、何宝华等老师的辛勤工作。文中有诸多缺憾,敬请大家批评指正。最后,以于漪老师的座右铭与大家共勉——"书犹药也,善读之可以医愚。"希望我们一线语文教师能够以身作则,指导孩子们培养阅读习惯,陪伴孩子们静心阅读,在阅读中拓宽视野,在阅读中启迪智慧,在阅读中浸润心灵,在阅读中遇见更美好的自己。

张 翔

2022 年 10 月 20 日

于四川省成都市武侯高级中学

目录 //CONTENTS

上篇　通通篇独寻蹊径　赏一本共探幽微
——整本书阅读教学设计

小说类整本书阅读教学设计

002　泛读培素养，精读锻能力——《红楼梦》整本书阅读设计方案 / 聂洪

011　慧眼独具看英雄人生　另辟蹊径品三国纵横——《三国演义》整本书研读教学设计 / 向凡、刘艳梅

017　《世说新语》整本书教学设计 / 胡颂

028　《呐喊》整本书阅读设计 / 罗晓彤

031　纲举目张　一以贯之——以《呐喊》整本书阅读为例 / 杨专

042　《边城》整本书阅读教学设计 / 袁欢

047　《钢铁是怎样炼成的》——探究保尔对生命价值的理解与践行 / 李华

诗歌类整本书阅读教学设计

054　解读意象，品析情感——《艾青诗选》整本书阅读教学设计 / 屈敏

061　《艾青诗选》整本书阅读教学设计 / 喻雪丽

散文类整本书阅读教学设计

070　共品文字，同润朝花——《朝花夕拾》整本书阅读教学设计 / 冷琼辉

戏剧类整本书阅读教学设计

077　命运枯井里的挣扎与无力——《雷雨》整本书研读教学设计 / 何悦

085　在悲剧中感受生命的价值——《哈姆莱特》整本书研读教学设计
　　　/ 徐畅唱

人物传记、学术著作类整本书阅读教学设计

092　走向天真心灵的苏东坡——《苏东坡传》整本书阅读教学设计 / 张翔

095　"差序格局"精读教学设计——《乡土中国》整本书阅读之阅读推进课
　　　/ 张金成

100　《昆虫记》整本书阅读教学设计 / 钱微

下篇　书香致远　思以成行
——整本书读后感

理论著作类读后感

107　路漫漫其修远兮，吾将上下而求索——读《从文字走向心灵》有感
　　　/ 张翔

111　让教育行为充满智慧——读《教学机智——教育智慧的意蕴》有感
　　　/ 张翔

113　为学做事，应熟读精思——读《文本解读与阅读教学讲谈》有感 / 杨专

118　俯仰终宇宙，不乐复何如——读《方法与案例：语文经典篇目文本解
　　　读》有感 / 罗晓彤

121　"双新""双减"背景下高中语文作业设计的思考——读《重构作业——课程
　　　视域下的单元作业》有感 / 聂洪

126　探索课堂里的生命力——《探索文本解读的路径》读后感 / 喻雪丽

人文著作类读后感

131　改变孩子不如改变自己——读《十几岁孩子的正面管教》有感 / 李华

137　朝花带露　沉香重华——读《朝花夕拾》有感 / 冷琼辉

141　生命的隐痛——《边城》读后感 / 袁欢

145　"生""死"的伴随与见证——论《生死场》中动物描写的作用 / 向凡

150　历史的镜子　人情的呼唤——读长篇小说《芙蓉镇》有感 / 徐畅唱

154　打破心理隔阂，亲近古典文学——读《世说新语·别裁详解》的始末 / 胡颂

158　于东坡望月——读《苏东坡传》有感 / 苟斌

164　高山景行，余心向往——学习杜诗有感 / 张金成

168　天堂旅行，人间修行——《天堂旅行团》读后感 / 钱微

175　拉斯蒂涅的变形记——《高老头》中拉斯蒂涅的形象分析 / 刘艳梅

181　喜剧化呈现的伪善人生——读戏剧《伪君子》有感 / 何悦

185　浅析卡夫卡作品中的异化——《卡夫卡作品全集》读后感 / 屈敏

上 篇

涵通篇独寻蹊径
赏一本共探幽微

——整本书阅读教学设计

小说类整本书阅读教学设计

泛读培素养，精读锻能力
——《红楼梦》整本书阅读设计方案

四川省成都市武侯高级中学　聂洪

教学目标

以语文核心素养的培养为目标，从语言能力、思维能力、审美情趣和文化修养四方面设计《红楼梦》的阅读，掌握整本书阅读的基本路径。

教学设计

《红楼梦》的体量大，内容丰富，解读多样，阅读有一定的难度。尝试借助泛读和精读的阅读方法对整本书进行阅读鉴赏。泛读从看、读两方面，探索整本书阅读的思路与方法；精读从写、作两方面，提升阅读能力。

教学过程

泛读名著培素养

首先，应先上一节阅读先行课。

从长篇小说的阅读来说，《红楼梦》篇幅长，人物众多，事件繁杂，对学生来说阅读起来有一定的困难性，因此在整本书阅读之前，有必要进行一次阅读的先行准备课。激发学生阅读兴趣，明确整本书阅读路径，让学生有兴趣，有方法地去通读名著，读通名著。

任务一：阅读《红楼梦》前五回，根据回目，梳理前五回的关联。

第 一 回　甄士隐梦幻识通灵　贾雨村风尘怀闺秀

第 二 回　贾夫人仙逝扬州城　冷子兴演说荣国府

第 三 回　贾雨村夤缘复旧职　林黛玉抛父进京都

第 四 回　薄命女偏逢薄命郎　葫芦僧乱判葫芦案

第 五 回　游幻境指迷十二钗　饮仙醪曲演红楼梦

《红楼梦》的序幕由前五回构成，分别从各个不同角度，为全书情节的开展作了必要的交代。它们之间既有联系，又各有侧重。第一回中以"女娲补天""木石前盟"两个神话故事作为楔子，不仅为宝黛恋爱染上了一层浪漫主义色彩，更重要的是通过两个神话，揭示人物的性格和命运（可以补充马瑞芳教授说红楼的视频）。第二回通过冷子兴演说荣国府，介绍贾府中的人物关系，为读者阅读全书开列了一个简明人物表，同时特别突出介绍了宝玉的性格特点。第三回介绍小说的典型环境。通过林黛玉进贾府的耳闻目睹对贾府做了第一次直接描写，向读者展现了众多人物活动的主要场所。第四回展现小说更广阔的社会背景。通过葫芦僧判断葫芦案介绍了贾、史、王、薛四大家族的关系，把贾府置于一个更广阔的社会背景之中来描写，同时由薛蟠的案件自然带出宝钗进贾府的情节。第五回是全书的总纲。通过宝玉梦游太虚幻境，利用画册、判词及歌曲的形式，隐喻含蓄地将《红楼梦》中众多主、次要人物的发展和结局交代出来。至此，全书的主要人物、环境背景、发展脉络、人物命运基本上交代出来，小说的情节发展便在此基础上展开。

任务二：结合第五回的判词，根据曹雪芹"草蛇灰线，伏笔千里"的创作手法，尝试寻找在小说中的伏笔痕迹。（学生进入小说的阅读）

（1）谐音法，寻找《红楼梦》中的谐音，并做好归纳，尝试分析小说中这些谐音的隐喻作用。对人物和情节进行熟悉与梳理。

（2）谶语法，文中有大量的谶语，可以去探寻作用，研究主题。

对整本书的阅读，通读是底线。泛读，是指一般性阅读，意在追求对作品的整体理解以及阅读速度，而不做具体字句的翻译，也不会逐字逐句地理解文意。泛读的目的就是对整本书有整体的了解和认识。但也非盲目的阅读，阅读的先行课，让学生有明确的阅读方向，学会运用阅读的抓手去阅读，这是泛读先行课的主要目的。

精读名著锻能力

一、精读内容

（一）研读人物

《红楼梦》中人物众多，通过研读人物去分析人物性格的多样性与复杂性。

任务一：梳理并统计《红楼梦》中的人物

在梳理的过程中，学生可以运用分类归纳的方式对人物进行统计。例如可以对总人物进行统计，可以按照男女、年龄、身份、等级等进行统计，也可参照金陵十二钗正册、副册及又副册对主、次要人物进行统计，这样分门别类便于梳理。

任务二：绘制主要人物关系表

参照第二回冷子兴演说荣国府的人物，以及自己梳理的人物表，再结合贾府五代人命名的规律（名字分别为水、人、文、玉、草的偏旁，代表着辈分），为贾府绘制一张主要人物关系表。

任务三：主要人物精读——制作人物卡片

以金陵十二钗或宝、黛、钗等主要人物为精读对象，完成下面表格的填写，并尝试制作主要人物卡片（可配图）

人物	身份	外貌	判词	章节内容	性格
贾宝玉					
林黛玉					
薛宝钗					
……					

以林黛玉为例：

身份：贾敏的女儿，贾宝玉姑妈的女儿，书香门第，勋贵之家，父母早亡，寄居外祖母家

外貌：两弯似蹙非蹙罥烟眉，一双似喜非喜含情目。态生两靥之愁，娇

袭一身之病。泪光点点，娇喘微微。闲静时如姣花照水，行动处似弱柳扶风。心较比干多一窍，病如西子胜三分。——体态较弱、容貌娇美

判词：可叹停机德，堪怜咏絮才，玉带林中挂，金簪雪里埋。在与宝钗的合并判词中不难看出，黛玉有傲人的才华，但却被忽视

性格：敏感、脆弱、刻薄（可寻找内容印证）、才华出众、真情真性、聪慧、通达人情

复杂矛盾处：刻薄与通达人情（结合送宫花、喝冷酒以及送燕窝等情节分析）

章节内容：第 3 回　贾雨村夤缘复旧职　林黛玉抛父进京都

第 5 回　贾宝玉神游太虚观　警幻仙曲演红楼梦

第 8 回　比通灵金莺微露意　探宝钗黛玉半含酸

第 17 回　大观园试才题对额　荣国府归省庆元宵

第 19 回　情切切良宵花解语　意绵绵静日玉生香

第 20 回　王熙凤正言弹妒意　林黛玉俏语谑娇音

第 23 回　西厢记妙词通戏语　牡丹亭艳曲警芳心

第 26 回　蜂腰桥设言传心事　潇湘馆春困发幽情

第 27 回　滴翠亭杨妃戏彩蝶　埋香冢飞燕泣残红

第 32 回　诉肺腑心迷活宝玉　含耻辱情烈死金钏

第 37 回　秋爽斋偶结海棠社　蘅芜院夜拟菊花题

第 38 回　林潇湘魁夺菊花诗　薛蘅芜讽和螃蟹咏

第 41 回　栊翠庵茶品梅花雪　怡红院劫遇母蝗虫

第 42 回　蘅芜君兰言解疑癖　潇湘子雅谑补馀香

第 45 回　金兰契互剖金兰语　风雨夕闷制风雨词

第 57 回　慧紫娟情辞试忙玉　慈姨妈爱语慰痴颦

第 58 回　杏子阴假凤泣虚凰　茜纱窗真情揆痴理

第 63 回　寿怡红群芳开夜宴　死金丹独艳理亲丧

第 64 回　幽淑女悲题五美吟　浪荡子情遗九龙佩

第 67 回　见土仪颦卿思故里　闻秘事凤姐讯家童

第 70 回　林黛玉重建桃花社　史湘云偶填柳絮词

第 76 回　凸碧堂品笛感凄清　凹晶馆联诗悲寂寞

第 82 回　老学究讲义警玩心　病潇湘痴魂惊恶梦

第 89 回　人亡物在公子填词　蛇影杯弓颦卿绝粒

第 96 回　瞒消息凤姐设奇谋　泄机关颦儿迷本性

第 97 回　林黛玉焚稿断痴情　薛宝钗出闺成大礼

第 98 回　苦绛珠魂归离恨天　病神瑛泪洒相思地

将同一人物的情节回目做梳理，便于整体把握人物性格和命运的走向，进而建立起立体的人物形象，加深对主题的理解。也可以尝试制作对比图，例如钗黛、袭人、晴雯等比对，甚至可以对同一事件中的不同人物进行比较，例如可以制作王熙凤治家与探春、宝钗治家的对比图等。

（二）研读诗词

《红楼梦》中有大量的诗词，把这一部分作为研读的内容，主要原因是很多学生在阅读原著时都会主动略过这部分内容，但诗词内容却是《红楼梦》中不可或缺的文化底蕴。通过对诗词的理解，可以帮助我们了解人物性格及其命运；通过对诗词进行鉴赏，可以提升学生的诗词鉴赏的能力，提高我们的文学修养，丰富我们的文化内涵。

任务一：整理同一人物在不同时期的作品，了解人物性格与命运走向

以林黛玉诗词为例：

林黛玉才思敏捷，是集天下诗才于一身的文学艺术天才。她的诗既是对生活的真实感受，又是她对理想追求的体现。她带着个人的情感来感悟季节，春有《桃花女儿行》《葬花词》，秋有《秋窗风雨夕》。她用《咏白海棠》《咏菊》表达自己的志向品德，又用代拟《杏帘在望》表达对盛世田园的向往，还有题《宝玉参禅》体现通透空灵。

（1）比较阅读《桃花女儿行》《葬花词》，找出黛玉笔下花的特征，并体会这反映了黛玉怎样的性格和命运？

（2）阅读《咏白海棠》《咏菊》，分析诗歌表达了黛玉怎样的性格品质？

（3）结合代拟《杏帘在望》和题《宝玉参禅》两首诗歌，分析黛玉的生活态度。

黛玉以花自喻，明媚鲜妍，孤高自许，品质高洁，然而花落摧残，就是黛玉自己的影子。词的情调浓烈而忧伤，淋漓尽致地表达了黛玉内心的矛盾痛苦、焦虑不安与迷惘，也注定了她的悲剧命运。这是感叹自身身世遭遇的全部哀音，可以说黛玉的人生就是在作诗，是她追求自由、纯真的体现。林黛玉的诗词在《红楼梦》中独占鳌头。诗词是人心灵的反映，林黛玉的诗，充满才情，纯美、真挚，诗词更是她的生命和灵魂的依附。在幼年失亲，寄人篱下的生活中，她的所有情感，几乎都寄托在诗词上了。快乐时她写诗，悲伤时她写诗，在她爱情理想被毁灭时，是她最爱的诗词陪伴她离开这个污浊的社会，可以说黛玉就是诗魂的化身。

任务二：整理不同人物的同题诗词，通过比较鉴赏，分析人物性格与命运的不同

以《咏白海棠》为例，分别比较林黛玉、薛宝钗、史湘云诗词的异同。

请找出三首诗描写白海棠的异同，并说说各表达了作诗者怎样的情感？

宝钗笔下的白海棠"端珍重芳姿"，洗尽胭脂的涂抹而尽展本色，亭亭玉立，默然不语。此诗有意用白海棠关合自己，以花写人，反映出宝钗以稳重、端庄、淡雅、宁静，清洁自诩、自誉自信的内心世界。李纨评此诗第一，就是因为"这诗有身份"。

黛玉笔下的白海棠虽是说看花的人，"半卷""半掩"却与后文娇羞倦态相呼应。"湘帘""玉盆"等意象，展现了因花的高洁白净而想象到栽培它的也不该是一般的泥土和瓦盆，所以用冰清玉洁来侧面烘染。其实这也是黛玉高洁精神追求的写照。

湘云笔下的白海棠剔透，如蓝田玉石堆满了花盆，繁盛，美丽，而洁白让她如霜雪女神一样喜欢寒冷，愈是寒，愈是充满了能量，表达了诗人对白海棠充满了偏爱之情。这恰是湘云豁达、乐观的性格体现。

任务三：整理典型诗词作品，分析人物性格的典型性（林黛玉、薛宝钗、贾宝玉、史湘云）

以薛宝钗的典型诗歌为例，《咏白海棠》和食蟹绝唱《螃蟹咏》以及《咏柳絮》表现出作者怎样的性格和人生追求？这是她命运的谶语吗？

《咏白海棠》是宝钗稳重、端庄、淡雅、宁静、清洁自诩、自誉自信形象的写照。《螃蟹咏》则将宝钗观察到的人世、人心真实地表现了出来。人心不足、欲望永无止境、弱肉强食的世界，一切不轨不法的人和事，都会成为交易，被掩藏在表象之下。皇商出身的宝钗见惯了这样的人心。她借螃蟹讽刺世人的名利心，权贵的贪婪腐朽，官场的腐败，时政的不清明，权力斗争的残酷。弱肉强食不留情面。可是宝钗追求金玉良姻，又何尝不是如此呢？宝钗本心并不赞同，但也只得被动配合。而《临江仙》的不落俗套在于，本来随风飘散的柳絮"任它随聚随分"，依旧有着淡然处世的乐观心态，"好风凭借力，送我上青云"则直接表达了宝钗一飞冲天之志。然而，终究还是要依赖他人的力量，才有直上青云的可能，这何尝不是性格决定的命运呢。

（三）研读手法

鲁迅先生曾经说过："自有《红楼梦》以来，传统的思想和写法都打破了。"曹雪芹在《红楼梦》的创作艺术手法上可谓登峰造极。整部作品的结构安排、人物塑造、事件叙述、场景刻画无一不是匠心之作。在前面泛读中大家已经学习了"草蛇灰线""谶语"等方式，在这里我们以人物形象的塑造为例，研读手法。《红楼梦》中塑造了大量鲜活的，栩栩如生的人物，其中最普遍运用的手法就是对比。红楼梦中塑造的众多人物形象，每一个都形象鲜明，立体饱满，"千人千面"，可以说多种对比手法的运用是成功塑造人物的重要方式之一。

任务一：寻找《红楼梦》中重大事件，并梳理不同人物的反应，探索这些事件表现了人物怎样的个性？

如"抄检大观园"的情节中，探春、迎春、惜春的表现，展现了三人截然不同的性格：探春的杀伐果断，迎春的懦弱糊涂，惜春的胆小冷漠，袭人的配合，晴雯的刚烈，司棋的勇敢……"宝玉挨打"表现了贾政的虚伪狠心、王夫人的顺从无奈、贾母的护犊心切……同一事件，同一场景，众多人物聚集，集中对比不同人物的不同表现，展现他们各异的性格。

任务二：绘制思维导图，以某一种性格为原点，寻找对应人物及人物言行，比较他们的异同，分析对比刻画人物的细微不同

例如：

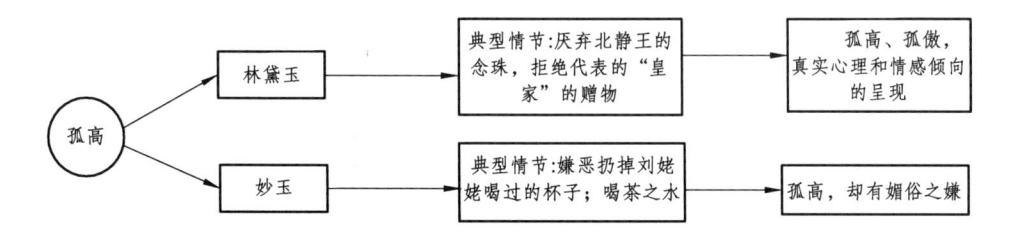

```
         ┌─→ 林黛玉 →  典型情节：厌弃北静王的     →  孤高、孤傲，
         │              念珠，拒绝代表的"皇            真实心理和情感倾向
孤高 ────┤              家"的赠物                      的呈现
         │
         └─→ 妙玉   →  典型情节：嫌恶扔掉刘姥     →  孤高，却有媚俗之嫌
                        姥喝过的杯子；喝茶之水
```

《红楼梦》中素有"晴为黛影，袭为钗副"，虽有类似，但却在对比中更显刻画人物的纤毫毕露。例如黛玉与晴雯似同非同，一个刻薄，一个泼辣，可命运如此相同，又如黛玉纯真的孤高和妙玉沽钓的孤高不同，湘云的"酣萌"豪爽和尤三姐的泼辣豪爽不同，凤姐的狡诈泼辣和探春的严正泼辣不同，这些相似的性格却绝不会让人混同。当然，也可以尝试分类对人物进行对比，例如对同阶层、不同阶层，正面人物、反面人物或者正反面人物用思维导图进行对比。

任务三：为次要人物或者小人物撰写心理日记，通过人物内心独白，展现人物的内心世界，体会人物性格的多样性与复杂性。

以王夫人为例，"金钏跳井"这个事件后，王夫人的心理和前后行为是反差很大的。她一直都是个吃斋念佛的人，但却逼死了金钏还假意慈悲。最后撵走晴雯，策划抄检大观园，致使众芳凋零，破坏了大观园的美好。所以她性格的两面性、多样性和复杂性，通过分析人物心理和行为的反差就会呈现得更加清晰。

鲁迅先生评《红楼梦》说："其要点在于敢于如实描写，并无讳饰，和从前的小说叙好人完全是好，坏人完全是坏的，大不相同，所以其中所叙的人物，都是'真'的人物。"正是塑造人物采用了炉火纯青的对比，才让《红楼梦》中的人物栩栩如生、千姿百态。

（四）研读主旨

任务一：搜集整理《红楼梦》主题说，根据自己的阅读体会，谈谈你支持的观点，并在书中寻找证据。

任务二：尝试将你的观点和你的证据结合到一起，写一篇关于红楼梦主题说的论文。

二、《红楼梦》整本书阅读交流讨论活动

（一）为本次活动制作邀请函

以小组为单位，设计若干份不同的请柬，进行大量绘制分发。要求：请柬的格式必须包含《红楼梦》元素，可采用诗、书、画相结合的形式制作精美的请柬。各组需准备好关于邀请函创作的介绍，并由同学投票选出"我最喜爱的邀请函"。

（二）组织阅读交流会

准备好自己要交流的话题。形式不拘泥于文字阐述，可增加音频、视频或表演等。交流主题备选：

- 关于人物命运和性格的探讨，如有争议人物和小人物的讨论
- 《红楼梦》百科全书的体现
- 古今第一好小说的依据
- "末世感"的人生所见

……

三、撰写研究报告

任务一：根据撰写的小论文和阅读交流的收获，选取立论角度，阅读查找相关资料，寻找撰写的理论和事实依据，为撰写报告做准备

论点	分论点	理论依据	事实材料
	分论点一		
	分论点二		
	…	…	

任务二：明确研究报告的写作目的、基本原则和要求，在此基础上，落实具体的撰写方法

研究报告的目的	研究成果	写作的原则	达成原则和要求的具体做法	报告修改方式
		全面、客观 准确、清晰		

任务三：形成研究报告的架构、写作报告并修改

完成后以各种形式（黑板报、展板、集册等）展示，也可参与相关期刊的投稿，甚至可以形成研究课题等整本书阅读可视化的成果。

慧眼独具看英雄人生　另辟蹊径品三国纵横
——《三国演义》整本书研读教学设计

四川省成都市武侯高级中学　向凡　刘艳梅

设计意图

整本书阅读教学关键在于一个"整"字，这是大单元、大情境、大任务的教学设计理念在整本书阅读教学中的具体体现。新课标要求"在阅读过程中，探索阅读整本书的门径"，要改变读《三国演义》时过度热衷于评说故事情节、分析人物性格特点、赏析小说语言艺术的状况，探索整本书阅读的新路径。课标要求"形成和积累自己阅读整本书的经验"，在实际阅读教学中，更多体现学生的阅读智慧。讨论问题、思考内容等由学生去把握，教师应更多地让学生自己形成阅读经验，从而真正培育学生的语文素养。

研读准备

1. 《细说三国》（黎东方著，上海人民出版社）
2. 《品三国》（易中天著，央视《百家讲坛》）
3. 《三国那些事儿》（郑中著，中国三峡出版社）
4. 《三国演义》（毛宗岗批评本）

这些书目仅是推荐书目，不一定全部要读，学生可以根据自己的阅读兴趣和阅读能力进行选择。

研读流程

一、流程安排

1. 激发阅读兴趣，开启共读旅程。
2. 创设情境任务，体会阅读乐趣。
3. 开展创意活动，提升阅读品质。

二、课时安排

通读文本：2课时

研读文本：4课时

拓展阅读：2课时

实践活动：2课时

流程实施

一、激发阅读兴趣，开启共读旅程

因《三国演义》原著作品本身的特点和学生阅读兴趣倾向、经验等方面存在一定差异，激发阅读兴趣要尽量做到利用多种资源，采用不同形式，"多管齐下"，让不同学生因为不同原因和需要主动打开小说，充满期待地展开阅读。激发学生阅读兴趣可以做的选择大致如下表所列。

	方法	资源	操作
1	词曲激趣法	杨慎《临江仙》文本、杨洪基演唱《临江仙》音视频	由词联系到原著，由歌曲联系到电视剧
2	故事激趣法	耳熟能详的三国故事评书片段，如三英战吕布、望梅止渴、空城计、过五关斩六将等	播放评书片段，引出原著相应回目
3	影视剧激趣法	精彩的影视剧片段	播放片段，认识人物，了解故事
4	人物激趣法	故事中三组主要人物（魏蜀吴）	分享自己了解的人物故事、人物关系
5	歇后语激趣法	有关三国人物的歇后语	歇后语填空与交流
6	兵器激趣法	三国名将所用兵器名称、图示	看图说兵器名称和使用的人名字

方法不限于上表中所列几种，例如还可以运用朝代更迭歌，对应学生比较熟悉的文学作品，如商周对应《封神演义》，三国对应《三国演义》等。这么多方法，不是选其一而用之，而是尽量多用上几种，以确保不同的学生在不同的方面找到"感觉"，从而对阅读《三国演义》原著产生较浓厚的兴趣。

二、创设情境任务，体会阅读乐趣

（一）我说"一号人物"

作家方英文有一篇文章《谁是"一号人物"》，提出《三国演义》中刘备、曹操、诸葛亮谁是小说中的一号人物的问题。这是"情境"。从文学的角度来看，你认为谁才是《三国演义》的"一号人物"？这是"任务"。

《三国演义》中"谁最厉害"的问题，这是多数人小时候便有的阅读体验。《三国演义》中的人物是政治、经济、军事、文化等因素的混合体，如果全都要考虑，将会脱离"语文"。因此我们设置的学习任务是："如果从文学的角度来看，你认为谁才是《三国演义》的'一号人物'？"本任务围绕"我说'一号人物'"展开，共包含三项学习活动：

活动一："三国尽在掌握中"

要求学生能根据自身实情制定合理、有序的阅读计划，并结合自己的阅读经验，借鉴前人的读法、鉴赏方法，在对整部小说的系统阅读中形成属于自己的阅读经验，初步选择心中的"一号人物"。

活动二："文学三国的风景"

希望学生在"疑问解答""资料整理"的基础上，能结合自己的评点、发现，联系毛宗岗等名家评点文字，从故事、人物、场景、语言等文学角度进行"个性鉴赏"，结合"一号人物"的筛选写作一篇论文。

活动三："'一号人物'论坛"

学生要能基于整部《三国演义》，从文学的角度进行对比分析，提出自己心中的"一号人物"，并参与班级"'一号人物'论坛"活动，在交流碰撞中获得对小说人物更全面、深刻的认识。

"我说'一号人物'"是总任务，"三国尽在掌握中"是基础，"文学三国的风景"是渐进，"'一号人物'论坛"则是检验、展示和深化，由"读"到"赏"，再到"论"，是一个渐入佳境的阅读过程。

（二）微阅读专题"仁者不忧，智者不惑，勇者不惧"

学生快餐化阅读、浅化阅读的阅读现状，产生了人物把握不清、情节结构混乱、审美取向差异等问题，针对这些问题，我们将立德树人的深度阅读作为《三国演义》阅读的总体目标。设计微阅读专题"仁者不忧，智者不惑，勇者不惧"。

1."仁者不忧"专题

仁者爱人是儒家传统，也是中国人推崇的人格风范。刘备是"仁"的化身，是仁君的杰出代表，刘关张之义，赵黄之忠，都是这种仁的突出表现。

问题：鲁迅认为《三国演义》"欲显刘备之长厚而似伪"，你如何评价刘备之仁？请结合小说原著进行分析。

明确：从"刘玄德携民渡江"可以看出刘备爱民如子，也深受人民爱戴；从"三让徐州"可以看出刘备对仁义的坚守；从庞统劝刘备迅速果断夺下益州而刘备不忍心害刘璋可以看出刘备的仁慈宽厚。

刘备是一代仁君的形象。他胸怀大志、知人善任、广纳忠言、体恤百姓，一生"仁德及人","信义著于四海",所到之处"与民秋毫无犯,其盗者皆化为良民",使民"丰足","远得民心,近得民望"。他认为:"若济大事,必以民为本",颇有孟子"民惟邦本"的思想。刘备爱民,也爱才。他与关、张二将是结义兄弟,三人无论身处何种险境都始终肝胆相照、不离不弃。他三顾茅庐请诸葛亮出山,临终时将其子与天下都托付于诸葛亮,是何等的信任!

至于刘备的仁爱究竟是不是"似伪",这个问题没有统一答案,教师可以引导学生研讨,让学生回到原著中去,以原著的细节来作证。

2. "智者不惑"专题

智者作为某一政治集团和军事团体智慧的源泉,其直接影响仅限于集团内部,但间接影响则波及整个时代,他们往往承担着集团灵魂和主心骨的作用。司马懿之于曹魏,孔明之于蜀汉,周瑜之于东吴,都是其意义的体现。当然,智者的作用和影响也是有差异的,庞统看似是个智者,但他的出场与退场都不怎么光彩照人,与孔明相比,只能算个"二等智者"。这个专题的价值在于让学生在分析比较中进行深度阅读,可以有效调动学生深度阅读的积极性。

问题一:诸葛亮、周瑜、司马懿、陆逊谁更厉害?

明确:第一,要选择合适的比较标准,标准统一了才能进行比较。第二,要明确比较的材料范围是《三国演义》,而不包含正史如《三国志》等。第三,比较角度可以确定为内政、打仗、权谋、人品等方面。

问题二:《三国演义》写到了"三十六计"中的哪些计策?蕴含着怎样的智慧?

明确:《三国演义》涵盖了全部三十六计,美人计、苦肉计、连环计、空城计、上屋抽梯、调虎离山、走为上计等,都是脍炙人口的计谋。教师可列出三十六计,让学生到原著里去找寻对应的情节,并探求每个计策中的智慧。

3. "勇者不惧"专题

"勇者不惧"是中国叙事文学推崇的精神特质——为正义而一往无前,为良知而勇于担当,为伟大的事业而不惧牺牲。许褚裸衣斗马超、赵子龙单骑救主、黄盖诈降、邓艾偷渡阴平、祢衡击鼓骂曹等,无一不是这种勇敢的体现。

问题一：真假英雄辨。

明确：这是一个颇有深度的问题，谁是真英雄，谁是假英雄，从大历史的视角进行分析，顺应历史潮流并成为弄潮儿的是真英雄，反之则是假英雄。从道德情感角度进行分析，具有真诚、忠诚、率性、勇敢、重情义、守道义、不惜生、不惧死等品质的人，是真英雄，反之则是假英雄。

问题二：从"祢正平裸衣骂贼""许褚裸衣斗马超"中两处"裸衣"看勇敢者的精神品格。

明确：祢衡是文人，许褚是武将，无论文武，勇敢者都是不惧死亡、不惜生命的，其重视的是忠信和道义。

以上只是列举，类似的问题还可以有更多延伸拓展。

三、开展创意活动，提升阅读品质

（一）建立"人物微信群"

对于众多人物，可采用分类法，将复杂的人物按魏蜀吴阵营，分为不同的类型，帮助学生建立人物关系圈。有了"朋友圈"，还可以建立"人物群"。这样，数量众多、关系错综复杂的人物就有了序列，比如蜀汉朋友圈，可以建立"五虎上将群""三兄弟群"等。比如曹操手下谋士如云、猛将如雨，可建立"曹操智囊团群""曹操猛将群"。再比如孙权的谋士主要有周瑜、鲁肃、吕蒙、陆逊等四人，他们先后担任了东吴都督，可以建立"东吴都督群"等。这些朋友圈和群不用老师去建，只需交给学生去做，让学生一边阅读，一边整理，还可以让学生给群取名字，还可以进行建群比赛，分析群里人物性格的异同。总之就是调动学生的阅读兴趣，让学生自主整理，自主研讨。

（二）三国地名微专题研究

学生的学习盲点之一是地名太多，方位不清，不知故事发生在哪里，再加上人物活动空间转换迅速，一会儿在某处，一会儿又到了另一处，如果不是很了解中国地理，要弄清三国场地转换，是很不容易的。退一步说，就算是对中国地理比较了解，也不一定能梳理清楚，因为很多地名有古今差异，辖治范围也很不一样。可让学生填写三国重要地名古今对照表，帮助学生梳理阅读脉络。

地名微专题研究的价值在于弄清战争方位、战场背景和地名承载的文化积淀，比如：

1. 江山险要

无论是祁山、天荡山、定军山，还是官渡、赤壁、猇亭，还是长江、汉水、漳河，还是葭萌关、剑门关、涪水关，这些名称早已不是单纯的自然地理概念了，山巍巍，水滔滔，雄关漫道，引无数英雄竞折腰，山水关隘已经与英雄人物联成一体了。

2. 风云际会

从长江两岸到中原大地，从难于上青天的蜀道到西北荒漠，中华大地烽烟四起，群雄逐鹿。多少英雄成就了伟业，多少豪杰留下了故事，荆州、冀州、徐州、益州等古地名，很容易让人生出英雄出九州的豪情。

3. 人物风流

三国古地名见证了风云激荡，见证了人物风流。走麦城、空城计、失街亭、过五关斩六将、三让徐州、三顾草庐、身在曹营心在汉、辕门射戟、六出祁山、九进中原等，这些故事中的地名不仅关系着具体的历史人物和事件，还积淀成深厚的中华文化，值得学生在深度阅读过程中作进一步的主题式探究与学习。

《世说新语》整本书教学设计

四川省成都市武侯外国语学校　胡颂

教学目标

1. 通过精选篇章，以点带面，明确阅读的基本方向、阅读方法和阅读步骤，培养阅读兴趣。

2. 通过精读和泛读相结合，给学生阅读过程进行规划与布局，减少学生的心理压力。

3. 通过学习文言字词翻译知识，辨析古今异义、特殊句式，积累文言知识，培养文言语感。

4. 通过品读语言描写（对话）和动作描写，结合历史背景和人物生平，读懂典型人物形象。

5. 通过研习谋篇布局的章法、体会炼字炼句的艺术，提高自己的欣赏品位和审美情趣。

6 通过品读魏晋人物风韵，多层面地理解作品的思想感情，了解古人的情意和思想。

学习任务

1. 借助多种手段了解魏晋历史背景和人物生平——推荐读物《戴建业说世说新语》《世说新语别裁详解》《漫画世说新语》。

2. 精读精选篇目，管中窥豹，从文言到文化，理解古代士子的精神追求，感受魏晋风流。

3. 积累文言字词，品读优美句子，提升文言阅读的语言敏感。

4. 展开阅读活动，展示阅读成果，通过阅读成果评比提升学生们对名著阅读的兴趣。

教学重点

1. 结合文本著作，收集《世说新语》的经典故事；分析《世说新语》中的典型人物形象。

2. 精读难度适中的篇目，疏通文义，积累文言语感。

3. 抓人物描写中的精准用词、巧妙比喻，体会作者高超的写作技艺。

4. 理解古代士子的道德操守和精神世界。

上篇　涵通篇独寻蹊径　赏一本共探幽微
——整本书阅读教学设计

阅读规划

阅读章节	阅读时间（预测）	阅读任务
《世说新语·德行》	第一周周末两天（1至2小时）	1. 积累40个重点字词 2. 归纳古人的"道德标准"
《世说新语·言语》	第二周周末两天（1至2小时）	1. 积累40个重点字词 2. 抓人物对话，摘抄并体会人物的语言智慧
《世说新语·方正》	第三周周末两天（1至2小时）	1. 积累40个重点字词 2. 归纳古人的"道德标准"和经典事件
《世说新语·雅量》	第四周周末两天（1至2小时）	1. 积累40个重点字词 2. 理解"雅量"的含义 3. 用现代的语言概括文中体现"雅量"的五个经典事件
《世说新语·规箴》	第五周周末两天（1至2小时）	1. 积累40个重点字词 2. "规箴"是指"规劝，说箴言"，这个部分里有哪些"箴言"在当下依然有意义，请摘抄下来并说说他们分别用了怎样的劝诫方法
《世说新语·容止》	第六周周末两天（1至2小时）	1. 积累40个重点字词 2. 摘抄文中描绘人物外貌气度卓越的词语
选读其他章节内容	第七周周末两天（1至2小时）	1. 积累古今不同的重点实词 2. 收集典型的人物形象

教学时间

2课时

教学设计一：魏晋风流群像图

一、教学目标

泛读文本，说历史故事，理解魏晋的风流气度。

精读选段，品奇妙写法，感受人物形象和精神。

二、教学流程

（一）导入：旧知回顾，导入新书

七年级上册人教版《世说新语两则》选用上卷上言语第二的第七十一个故事"谢太傅寒雪日内集中"。

谢太傅寒雪日内集，与儿女讲论文义。俄而雪骤，公欣然曰："白雪纷纷何所似？"兄子胡儿曰："撒盐空中差可拟。"兄女曰："未若柳絮因风起。"公大笑乐。即公大兄无奕女，左将军王凝之妻也。

王凝之夫人谢夫人既往王氏，大薄凝之。既还谢家，意大不说。太傅慰释之曰："王郎，逸少之子，人才亦不恶，汝何以恨乃尔？"答曰："一门叔父，则有阿大、中郎；群从兄弟，则有封、胡、遏、末。不意天壤之中，乃有王郎！"

教师：综合两篇短文原文及翻译,结合原文字词说说谢道蕴的人物形象？

学生活动：分析原文，归纳形象。

答案预设：才情斐然，家世出众，高傲，婚姻不幸。

教师：《世说新语》中有1200多篇短文，主要记述东汉至东晋精英们的逸闻趣事，除了当时名士们玄妙的清谈，还有他们俊美的容貌、优雅的举止、超脱的情怀、敏捷的才思以及他们荒诞的行为、鲜明的个性、放纵的生活……我们可以通过阅读，把握人物群像，理解人物的精神风采，从而了解整个社会的精神风貌。今天，让我们管中窥豹，带大家一窥魏晋名士的风流。

（二）开卷有益，明著书始末

《世说新语》是南朝刘宋政权临川王刘义庆所编著的一部笔记小品，记载了东汉末年至魏晋时代的名士轶事。该书属于"志人小说"，所记者皆是上流社会（士大夫）的言行，起于汉，止于东晋。当时士大夫盛行清谈（对哲理、人物、时政进行评论），志在脱俗，书中关于清谈和谈玄的内容非常多。通过清谈，思想对话碰撞出飞溅的火花。孔子曾说："君子和而不同，小人同而不和。"这种激烈的辩论，却又极具包容性的和谐，在魏晋风流中有很多具体表现，较为集中地展示了那一时期通过对话交流解放思想的风范。《世说新语》是一本魏晋士大夫风流史，更是魏晋时期的一种名士养成的参考书，所谓"见善思齐"，作品记录了道德、言语、政事、文学、方正、雅量等古代知识分子应该具有的素养，对当时的氏族子弟、读书人有重要的作用，有不少在现代社会依然能给我们启发。

教师：介绍《世说新语》的主要内容、创作背景、历史评价。

主要内容：记载东汉后期到晋宋间一些名士的言行与轶事。

创造背景：① 时代风气，对魏晋风流的追捧；② 主编刘义庆为躲避宫廷政治斗争，编撰"清谈"的书，表明自己无心政治的态度。

历史评价：清代毛际可：殷、刘、王、谢之风韵情致，皆于《世说》中呼之欲出。

鲁迅：记言则玄远冷隽，记行则高简瑰奇。

鲁迅：一部名士底（的）教科书。

（三）以史为鉴，知德行操守

教师：同学们，《世说新语》既好读，又难读。好读指多数故事生动有趣，难读是有的故事叙述简略，不知事件的背景，对于其背后的意义更觉茫然，读书时要借助史书记载和名家详解对作品的时代和背景等进行填补，从而拓宽自己的阅读面。在刚刚我们看的短文中，谢道蕴称"一门叔父，则有阿大、中郎；群从兄弟，则有封、胡、遏、末"，讲明谢家一门，人才济济。所谓"旧时王谢堂前燕"，正是指魏晋时期著名的世家大族谢家与王家，他们重视家庭教育和道德修养，成为古代知识分子的典范。《世说新语》一书中态度鲜明，首推德行篇，正是在体现本书"教化指引士子"的功能作用。

学生活动一：读"谢氏家族"，创写谢氏重要人员家谱并创写谢氏家风（对联形式）

人名（按照辈分）	典型事件	典型形象
谢安		
谢玄		
谢道蕴		
谢朗		
谢邈		
谢灵运		

阅读活动要点：

（1）选择个性鲜明的谢氏家族成员，通过读懂典型事件，概括典型形象。

（2）感受谢氏家族传承的道德操守和精神追求，为谢家家祠写一副匾额和对联。

（3）谢氏家族取名颇有特色，往往蕴含着他们的精神追求和祝愿，试举出一例并分析。

学生活动二：读《世说新语·德行》，梳理经典事件，概括人物品德

阅读活动要点：

（1）结合注释和翻译，通读《德行》，完成下列表格。

"德行"篇阅读梳理表

"德行"故事概括	主要人物	人物品格

（2）学生展示。

晋文王称阮嗣宗至慎，每与之言，言皆玄远，未尝臧否人物。

故事概括	主要人物	人物品格
晋文王称赞阮籍	阮籍	谨慎，不随意评价他人

王戎云："与嵇康居二十年，未尝见其喜愠之色"。

故事概括	主要人物	人物品格
王戎点赞嵇康	嵇康	喜怒不形于色

华歆、王朗俱乘船避难，有一人欲依附，歆辄难之。朗曰："幸尚宽，何为不可？"后贼追至，王欲舍所携人。歆曰："本所以疑，正为此耳。既已纳其自托，宁可以急相弃邪？"遂携拯如初。世以此定华、王之优劣。

故事概括	主要人物	人物品格
华歆、王朗俱乘船避难	华歆	有格局，讲信用

刘道真尝为徒，扶风王骏以五百匹布赎之，既而用为从事中郎。当时以为美事。

故事概括	主要人物	人物品格
王骏选拔刘道真	王骏	知人善用，识人之明

教师小结："时人以为纯孝之报也——孝顺"，"雍熙——和睦友善"，不轻易发怒，不随便评价他人，清廉、博爱、正直、善于自省。面对危难、诱惑、压迫，都不会轻易改变自己的立场和保守。世说新语的道德评价意识贯穿全书。总的来说，对于君子的作风道德操守，放在现代社会依然有它的意义。

学生活动三：精读"言语""方正"和"雅量"篇，理解其含义，改讲经典故事

阅读要求：通读三篇章后，小组内成员各选一段原文，用自己话进行丰富再创作后逐个分享，并说说分享的理由。

选择原文：
改写：
分享理由：

教师示范：

选择原文。

庾公造周伯仁，伯仁曰："君何所欣说而忽肥？"庾曰："君复何所忧惨而忽瘦？"伯仁曰："吾无所忧，直是清虚日来，滓秽日去耳。"（《世说新语·言语》）

改写：庾公拜访周伯仁，从胖瘦问题谈到"哲学问题"，"高能地怼了"对方内心不够淡泊纯粹。

分享理由：从肥瘦突然转换成了一个心灵超越的哲学问题。一方面解释了自己"何以忽瘦"的原因——是因为"清虚日来"，另一方面又暗示了对方"何以忽肥"的秘密——他心中的滓秽未去，所以才使自己身体肥胖不堪。回答自己"忽瘦"是明言，回击对方"忽肥"是影射，明提暗讽，一箭双雕。（出自戴建业说《世说新语》）

预设：

王子猷居山阴，夜大雪，眠觉，开室，命酌酒，四望皎然。因起彷徨，咏左思《招隐》诗，忽忆戴安道。时戴在剡，即便夜乘小船就之。经宿方至，造门不前而返。人问其故，王曰："吾本乘兴而行，兴尽而返，何必见戴？"（《世说新语·任诞》）

分享理由：表现出了魏晋士人博大的胸襟、宽宏的气量、豁达的气度和高雅的韵致。

结束语：风流一解——有才华的、杰出的。魏晋风流就是指魏晋时代有才华的杰出的士子们。读《世说新语》，要结合一些历史背景和名家注解，用文化知识打破文言的障碍，在勇敢的阅读中，对历史、哲学、文学、文化都有所涉猎。而其中关于做人做事的态度和品德，依然在现代社会有着它的指导价值。

教学设计二：读文言积累古词，品语言掌握写法

导入：《世说新语》中卷上"方正第五"的第一个故事"陈元方七岁答客"

陈太丘与友期行，期日中。过中不至，太丘舍去，去后乃至。元方时年七岁，门外戏。客问元方："尊君在不？"答曰："待君久不至，已去。"友人便怒曰："非人哉！与人期行，相委而去。"元方曰："君与家君期日中。日中不至，则是无信；对子骂父，则是无礼。"友人惭，下车引之。元方入门不顾。

在本文学习中，我们学到要读通文言文，首先要对古今表达不同的地方进行辨析。如本文，词语上积累了古代实词"舍""去""不""期""委""引""顾"；句式上主要理解省略句在翻译时要进行补充翻译。

教师：鲁迅曾经说过，《世说新语》"记言则玄远冷隽，记行则高简瑰奇"，它篇篇绝妙，字字珠玑，是文学中的珍品。作为"志人小说"，往往寥寥数语，名士风范便跃然纸上。同学们在阅读的时候，不仅要积累文言的字词，还要品读它语言和写法上的巧妙。

学生活动一：读读下面文章，从不同的角度说说它的语言和写法特点

孔文举年十岁，随父到洛。时李元礼有盛名，为司隶校尉。诣门者，皆俊才清称及中表亲戚，乃通。文举至门，谓吏曰："我是李府君亲。"既通，前坐。元礼问曰："君与仆有何亲？"对曰："昔先君仲尼与君先人伯阳有师资之尊，是仆与君奕世为通好也。"元礼及宾客莫不奇之。太中大夫陈韪后至，人以其语语之，韪曰："小时了了，大未必佳。"文举曰："想君小时，必当了了。"韪大踧踖。

注意：先自读，再小组合作讨论。

教师示范：

（1）精准形象的用词：

王蓝田性急。尝食鸡子，以箸刺之，不得，便大怒，举以掷地。鸡子于地圆转未止，仍下地以屐齿蹍之，又不得。瞋甚，复于地取内口中，啮破即吐之。王右军闻而大笑曰："使安期有此性，犹当无一豪可论，况蓝田邪？"（《世说新语·忿狷》）

其中所用"刺""瞋""即"都形象生动地描绘了人物的急躁。

（2）传神生动的细节：

夏侯太初尝倚柱作书，时大雨，霹雳破所倚柱，衣服焦然，神色无变，书亦如故。宾客左右，皆跌荡不得住。

谢注神倾意，不觉流汗交面。

一个神态、一个动作、一个衣角，本文语言简练，每一个字都精心雕琢，细节之处画面生动，音容俱在，让人称奇。

（3）简朴隽永的对话：

《赏誉》王导"以麈尾指坐"，叫何充共坐说："来，来，此是君从！"生动地刻画出王导对何充的器重。运用富于个性的口语来表现人物的神态，《世说新语》虽然没有虚构，但一定有所提炼，这番提炼就是小说的写作艺术。

（4）文辞优美的比喻：

遥望层城，丹楼如霞。

声如震雷破山，泪如倾河注海。

人问山川之美，顾云："千岩竞秀，万壑争流，草木蒙笼其上，若云兴霞蔚。"

比喻恰切，在文本中比比皆是。

（5）爱憎鲜明的对比：

管宁、华歆共园中锄菜，见地有片金，管挥锄与瓦石不异；华捉而掷去之。又尝同席读书，有乘轩冕过门者，宁读如故；歆废书出看。宁割席分坐，曰："子非吾友也。"

从谢道蕴和胡儿的文学造诣比较,到管宁、华歆的人格对比;作品中此类对比还有很多。

(6)工整诗意的对仗:

"北人学问,渊综广博","南人学问,清通简要"。

刘尹云:"清风朗月,辄思玄度。"

声如震雷破山,泪如倾河注海。

在《世说新语》中有大量对称句,语言简练优美,富有音律美。

学生活动二:读示范句,再次阅读,朗读精彩语句并摘抄

写法特色	摘录	赏析
精准形象的用词		
传神生动的细节		
简朴隽永的对话		
文辞优美的比喻		
爱憎鲜明的对比		
工整诗意的对仗		

学生活动三:学生展示自己的摘抄笔记,并任意选一句分享自己的摘抄理由

要点:让学生在小组内完成自己的分享,组员互相从选句和分享的角度点评。

教师根据学生反馈做点评。

教师小结:《世说新语》的文言特色和文学特色都较为出彩,读它,读通语言的隔阂,走进经典作品,接受传统智慧;读它,不仅是读一个故事,还是读历史文化,更是读中国古代知识分子对于人生的思考。常读常新,希望在未来的日子里,《世说新语》依然能在生活的各个方面启发同学们。

《呐喊》整本书阅读设计

四川省成都市武侯高级中学　罗晓彤

一、学习内容与目标

1. 通过探究小说《呐喊》主人公和看客形象初步认识小说主题。
2. 通过分析《呐喊》序言再次深入理解小说主题和创作意图。

二、学习活动概述

活动设计紧紧围绕整本书阅读由低阶到高阶的要求，从学生印象深刻的情节到把握核心人物形象、深入其精神内核，再到小说创作特色——人物群像的刻画，理解作者鲁迅刻画这些人物的原因。接下来结合序言再次深入理解鲁迅创作《呐喊》的目的，最后通过设计封面和思考"现在我们是否需要鲁迅"的问题再次让学生深入理解《呐喊》的主题思想，也为同学们的整本书深度阅读总结相关的阅读策略。

三、学习活动设计

（一）学生谈初读感受

《呐喊》是中国文学史上刻里程碑式的作品，是我们常读常新的经典。读完小说《呐喊》，你印象最深刻的地方是什么。

明确：学生结合自己阅读感受畅所欲言，老师适当补充。如孔乙己用手"爬"，人血馒头，科举失败发疯的陈士成等。

（二）学生分析主要人物

如果让你推荐《呐喊》中的一个人物来表现作者鲁迅的创作意图，你愿意推荐哪个人物，请说明理由。

孔乙己、阿Q、狂人、夏瑜、N先生、闰土、杨二嫂……

（三）学生分析人物群像

1. 通过阅读大家已经发现，《呐喊》不仅仅刻画了一个个鲜明的人物个体，还生动地表现了一群人，《呐喊》中的人物群像有哪些特点？

愚昧、无聊、麻木；咀嚼和玩弄别人的痛苦，嘲笑别人的伤疤，冷漠、自私、残忍；趋炎附势，墙头草等。

如《孔乙己》中的众人对孔乙己的不幸的咀嚼和赏玩。《阿Q正传》里看热闹、看杀头、看戏的众人和对革命混混沌沌的众人。《药》里"颈部伸得很长的，仿佛像许多鸭，被无形的手捏住了的，向上提着"的看砍头现场的民众。《风波》中，像墙头草般畏畏缩缩的村民。

2. 作者鲁迅在《呐喊》中塑造人物群像有什么目的呢？请说说你的看法和理由

作者意在表明人民的愚昧、麻木和冷漠、自私，最悲哀的是通过赏玩别人的痛苦来达到自己痛苦的转移，甚至遗忘。同时通过人物群像对洋人的态度和革命的态度表明人民群众的思想尚未得到解放。在好奇的人民群众鉴赏"被看"者的痛苦背后，常常还有一位隐含的作者在"看"：用悲悯的眼光，激愤地嘲讽着"看客"的麻木与残酷，从而使小说的悲剧性更加强烈。

（四）学生分析序言

1. 大家再看看序言中有哪些地方与我们刚刚分析的人物形象和人物群像能够对应

我竟在画片上忽然会见我久违的许多中国人了，一个绑在中间，许多站在左右，一样是强壮的体格，而显出麻木的神情。据解说，则绑着的是替俄国做了军事上的侦探，正要被日军砍下头颅来示众，而围着的便是来赏鉴这示众的盛举的人们。

凡是愚弱的国民，即使体格如何健全，如何茁壮，也只能做毫无意义的示众的材料和看客，病死多少是不必以为不幸的。所以我们的第一要著，是在改变他们的精神，而善于改变精神的是，我那时以为当然要推文艺，于是想提倡文艺运动了。

后来想，凡有一人的主张，得了赞和，是促其前进的，得了反对，是促其奋斗的，独有叫喊于生人中，而生人并无反应，既非赞同，也无反对，如置身毫无边际的荒原，无可措手的了，这是怎样的悲哀呵，我于是以我所感到者为寂寞。

这寂寞又一天一天的长大起来，如大毒蛇，缠住了我的灵魂了。

作者鲁迅在麻木、冷漠、自私、愚昧的群众中间感到"众人皆醉我独醒"的寂寞，像铁屋子里觉醒的人的寂寞。

2. 请同学们再找找序言中还有哪些关键词。请找出关键词并说说你的理解

梦：学医救国不通和后来的文学救国梦。

呐喊：有时候仍不免呐喊几声，聊以慰藉那在寂寞里奔驰的猛士，使他不惮于前驱。自己背着因袭的重担，肩住了黑暗的闸门，放他们到宽阔的地方去：此后幸福地度日，合理地做人。

希望：说到希望，却是不能抹杀的，因为希望是在于将来，决不能以我之必无的证明，来折服了他之所谓可有。以我往往不恤用了曲笔，在《药》的瑜儿的坟上平空添上一个花环，在《明天》里也不叙单四嫂子竟没有做到看见儿子的梦，因为那时的主将是不主张消极的。至于自己，却也并不愿将自以为苦的寂寞，再来传染给也如我那年青时候似的正做着好梦的青年。

鲁迅虽然自己对现实太过于绝望，太过于孤独，但不愿意把绝望的情绪传给大众，依然呐喊战斗。

（五）学生创作小说《呐喊》封面，再次分析作者创作目的

1936年10月19日，鲁迅在上海逝世，享年56岁。今年是民族魂——鲁迅逝世87周年，如果出版社重新出版鲁迅作品，让你重新设计《呐喊》封面，你会如何设计？说说你的想法。

明确：结合《呐喊》小说内容和序言分析，言之有理即可。

（六）谈鲁迅作品的现代意义

有人说，鲁迅逝世那么多年了，他的作品太过于沉重，不需要我们再读了，你觉得现在我们还有必要阅读鲁迅的作品吗？请结合鲁迅的《呐喊》谈谈你的看法。

明确：郁达夫曾说，没有伟大人物出现的民族，是世界上最可怜的生物之群；有了伟大的人物，而不知拥护、爱戴、崇仰的国家，是没有希望的奴隶之邦。鲁迅的作品具有强大的批判力量，是永远不过时的经典。

纲举目张　一以贯之
——以《呐喊》整本书阅读为例

四川省成都市武侯高级中学　杨专

设计意图

《呐喊》是鲁迅第一部小说集，主要展示了从辛亥革命到五四运动时期的社会生活，揭示了种种深层次的社会矛盾，对中国旧有制度及陈腐的传统观念进行了深刻的剖析和比较彻底的否定，表现出对民族生存浓重的忧患意识和对社会变革的强烈愿望。

全集共有14篇小说，塑造了不同的人物形象，但这些人物形象有很多共同的特征。抓住了这些不同和相同，就基本能把握这些小说的主题，从而了解鲁迅写作《呐喊》的缘由。其中《自序》部分是解读全书的总纲，小说里的人物特征和主题基本能在这里找到答案，所以用《自序》做好导读非常重要。我将选取《故乡》《药》做导读篇目，纲举目张，让学生去理解剩下的篇目，从而达到对整本书理解的目的。

教学目标

1. 引导学生学会分析人物特征；了解鲁迅塑造人物的方法。
2. 把握鲁迅作品的深刻内涵。
3. 体会鲁迅的爱国情怀。

重难点

1. 了解作品人物形象的个性及群像的共通性。
2. 把握鲁迅作品的深刻内涵。

课时安排

1. 《呐喊》1课时。
2. 《故乡》1课时。
3. 《药》1课时。
4. 《故乡》《药》比较阅读1课时。
5. 剩下篇目指导性阅读3课时。

第一课时

教学内容：《呐喊·自序》

教学目标：

1. 了解鲁迅先生的生活经历及思想发展过程。
2. 了解鲁迅先生写作《呐喊》的缘由。
3. 体会鲁迅先生思想脉络中的爱国主义精神。

课时：1课时

一、导入

"有理想的人，生活总是火热的"，因为"一种理想，就是一种力"。你的理想是什么？能和大家分享一下吗？（自由发言）请同学们阅读《呐喊·自序》，看看鲁迅的理想是什么？你能找到我们和他的理想最主要的区别是什么吗？

二、初读课文、整体感知课文内容

1. 筛选信息，完成下面表格

地点	生活经历	思想发展
绍兴	侍亲疾	看透世态，想走异路
南京	求新知	选择学医，救民报国
仙台	攻医学	领悟"要著"，弃医从文
东京	搞文艺	悲哀寂寞，深刻反思
北京	抄古碑	苦闷沉默，思索追寻
北京	应索稿	看到希望，作文呐喊

2. 深入了解鲁迅

青年时的"梦"是全文的文眼，是理解文章的关键。你能从表格中看到这些梦共通性是什么吗？从中你能看出鲁迅怎样的精神？

梦想： 学洋务　　学医　　搞文艺

共通性： 救国救民

精神：不断追求真理，探索救国救民道路的革命精神

三、细读课文、把握全文的精神内涵

1. "铁屋子""熟睡的人们""较为清醒的几个人"这几个意象分别有怎样的特点？它们的象征意义分别是什么？

（1）铁屋子：绝无窗户（黑暗、压抑）　万难破毁（封建思想根深蒂固）

象征意义：指黑暗的看不到光明的封建思想根深蒂固的压抑的中国社会

（2）熟睡的人们：闷死，昏睡、死灭，并不感到就死的悲哀

站在左右，强壮的体格，麻木的神情，围着赏鉴

象征意义：受封建思想毒害的被人宰割而不自知的麻木的国民（看客）

（3）几个清醒的人：既然起来　寂寞

象征意义：想改变中国现状的先驱、革命者

2. "清醒的人"面临怎样的现状?请找出原句并加以概括

(1)如置身毫无边际的荒原,无可措手。

(2)太痛苦,麻醉自己的灵魂,再没有青年时候的慷慨激昂。

(3)我的生命却居然暗暗的消去了。

(4)然而那时仿佛不特没有人来赞同,并且也还没有人来反对。

(5)然而几个人既然起来,你不能说决没有毁坏这铁屋的希望。

概括:他们有救国救民的革命精神,却无人理解和支持,他们感到寂寞和彷徨。

3. 鲁迅在文中多次提到"寂寞",这种"寂寞"在文中具体有哪些?

(1)难以找到志同道合的人的寂寞;(2)努力前行无人回应的苦闷。

4. 小说集为什么取名《呐喊》?请找出原文并加以概括

(1)用振聋发聩的声音唤醒国人的斗志。

(2)慰藉那在寂寞里奔驰的猛士,使他不惮于前驱。

四、总结全文、情感升华

鲁迅曾说:愿中国青年都摆脱冷气,只是向上走,不必听自暴自弃者流的话。能做事的做事,能发声的发声。有一分热,发一分光,就令萤火一般,也可以在黑暗里发一点光,不必等候炬火。此后如竟没有炬火:我便是唯一的光。

鲁迅一直把救国救民当成毕生的追求,即使遭遇挫折,也从未放弃。作为中国新一代青年,你将如何践行你的爱国热忱?请就此写一篇演讲稿。

第二课时

教学内容:《故乡》

教学目标:

1. 把握文章对比手法的运用及小说主旨。

2. 理解鲁迅救国救民的探索精神。

教学重点：
把握文章对比手法。

教学难点：
把握小说的深刻内涵及对鲁迅救国救民道路探索精神的理解。

教学课时：1课时。

一、导入

杜甫说"露从今夜白，月是故乡明"，月亮本只一个，但他固执地认为家乡的月亮才是最明亮的，可见游子对故乡的眷恋。今天让我们一起走进鲁迅的《故乡》，看看他对"故乡"又寄予了怎样的情感？

二、整体感知：通读课文，整体感知课文内容

"对比"手法是本文的一大特色，请说说主要有哪些对比。

学生活动：分组讨论，任选一组对比，完成下面表格。

		过去	现在
故乡		美好	萧索、荒寂、昏暗
闰土	外貌	干净、可爱、健康、活泼	苍老、憔悴、迟钝、无活力
	精神	灵动、自由、快乐 对新事物充满好奇、小英雄	麻木、世故
杨二嫂	外貌	美丽的"豆腐西施"	细脚伶仃的"圆规"
	精神	悠闲、自由、美好	泼悍、自私、刻薄、市侩、贪小便宜
"我"		家境富足、简单快乐、小少爷	远离家乡、为生活奔波
"我"和闰土		感情深厚、亲密无间	有了隔阂，没有共同语言

三、研读课文，深入思考

1. 小说的主要人物是谁？为什么要这样安排？

明确：闰土　杨二嫂　"我"

	性别	身份	代表群体	变化
闰土	男	农民	农民	美好—不美好
杨二嫂	女	商人	城镇市民	美好—不美好
我	男	地主家小少爷	知识分子	美好—不美好

2. 小说标题是《故乡》，为什么写故乡的笔墨不多？

明确：作者用故乡人的命运的变化来表现故乡——中国农村的变迁。

"故乡"本是一个空间概念，但在文本中，却是一个时间概念，是过去美好人和事的组合，也是现在一切不美好的事实。全文重心不在于表达人的变化，而是在于追寻辛亥革命后中国农村的出路。

四、精读课文，品鉴词句

我所记得的故乡全不如此。我的故乡好得多了。但要我记起他的美丽，说出他的佳处来，却又没有影像，没有言辞了。仿佛也就如此。

明确：（1）故乡也许一直如此，但当时我年幼，也许是对事物有纯真美好的期待，也许是闰土给我带来了美好的记忆，所以我觉得很美好。

（2）故乡可能真的很美，但当时我沉浸其中而不自知，加上后来家道中落，故我再记不起它的具体美丽。

我这儿时的记忆，忽而全都闪电似的苏生过来，似乎看到了我的美丽的故乡了。

明确："似乎"二字可见"我"对再见闰土的期盼。也能看到我童年的美好记忆大部分和闰土有关。

他站住了，脸上现出欢喜和凄凉的神情；动着嘴唇，却没有作声。他的态度终于恭敬起来了。

明确："欢喜"可知他对见我的期盼和激动，"凄凉"是生活对他的折磨以及再见"我"时两人处境的大不相同的心理。"终于"是闰土心理的一番挣扎后的结果，也可知他已变得世故。

夜间，我们又谈些闲天，都是无关紧要的话。

明确：我们也变得隔阂，无话可讲；闰土也已失去了童年的好奇和灵动。

老屋离我愈远了；故乡的山水也都渐渐远离了我，但我却并不感到怎样的留恋。

明确：故乡已经变得破败、荒寂，它不再美好，"我"的不再留恋意味着对已经逝去的陈腐不再留恋，唯有离开才能找到新的出路。

那西瓜地上的银项圈的小英雄的影像，我本来十分清楚，现在却忽地模糊了，又使我非常的悲哀。

明确：因为埋在香灰里的碗，让"我"知道了闰土因为痛苦的生活而变得麻木，因为麻木而变得堕落，他可怜之外还多了可憎，这和早年淳朴可爱的形象完全不同，闰土的形象彻底崩溃。

我想：希望是本无所谓有，无所谓无的。这正如地上的路；其实地上本没有路，走的人多了，也便成了路。

明确："我"对未来的期望。也寄予了作者的希望：中国农村当前不好，但只要我们努力，是能找到一条新的出路的。

五、总结全文，深化主旨

少年闰土、年轻杨二嫂、少年的"我"所代表的美丽的故乡是淳朴的，单纯而美好；麻木的闰土、刻薄泼悍的杨二嫂，在外奔波的"我"代表的是现在的故乡，沉沦、荒寂，不再美好。我们的变化共同构成故乡的变迁。但闰土和杨二嫂沉没于故乡，"昏睡"过去而无能为力，但"我"却带着宏儿走出了这片土地，虽暂时不知前路如何，但终究还有希望的可能。全文寄予了鲁迅对寻找中国农村出路的思索和期盼。

六、课后作业

阅读并批注《药》。

第三课时

教学内容：《药》

教学目标：

1. 理解小说明暗两条线索相互连接、融合、交织的特点。
2. 了解鲁迅笔下的社会群像。
3. 深刻理解小说主题。

教学重点：

1. 理解小说明暗两条线索相互连接、融合、交织的特点。
2. 了解鲁迅笔下的社会群像。

教学难点：

深刻理解小说主题。

教学课时：1课时。

一、导入

俗话说："良药苦口利于病""药到病除"，可见药在人们心目中是疗治病的希望。但并非每味药都能治好病，药未能挽救鲁迅的父亲，未能救活华小栓，这是为什么呢？让我们走进《药》去寻找答案。

二、初读课文，理清情节

这篇小说情节是按照明暗双线展开，请理出这两条线。

明确：

华家：买药—吃药—谈药—上坟（明线）

夏家：革命—被抓（被出卖）—牢里宣讲—刑场—血被吃—茶馆被谈论→坟场（暗线）

明线是主线，突出群众的愚昧麻木；

暗线是次线，揭示革命者的悲哀。

两条线从并行到融合，突出因群众的冷漠而带来的革命者的悲哀。

三、细读课文，理解看客形象及作者情感

鲁迅说："群众，尤其是中国的——永远是戏剧的看客。牺牲上场，如果

显得慷慨，他们就看了悲壮剧；如果显得毅棘，他们就看了滑稽剧。北京的羊肉铺常有几个人张嘴看剥羊，仿佛颇为愉快，人的牺牲能给他们的益处，也不过如此。而况事后走不几步，他们并这一点也就忘了。"

这篇文章中鲁迅塑造了众多看客形象，请赏析看客形象。

学生活动：分组讨论，选取一个点加以赏析，并领悟作者蕴含的情感。

1. 看客的个像

（1）"哼，老头子。"

"哼"，很鄙弃，认为一个老头也有看杀人的兴趣，判断看客为中青年人，即中青年群体为看客的大部分。

（2）"倒高兴……。"

这人可能感受到华老栓的高兴，认为他看杀人看得如此高兴，却忘了自己也看得高兴。大家都是看客，沉浸血腥却不自知，还鄙薄和他相同的人。（可以参考阿Q的心理）

（3）"老栓又吃一惊，睁眼看时，几个人从他面前过去了。一个还回头看他，样子不甚分明，但很像久饿的人见了食物一般，眼里闪出一种攫取的光。"

用一"又"字，表示老栓没有想到会有这么多人来看杀人的吃惊；"几"，指不定数，不少于三个。与前两个相比，这三个形诸视觉而非诉诸听觉，侧重肖像与行动，以点带面，写出了成群结队看杀人的热闹。"样子不甚分明"，客观因素在于天未大亮，主观因素在于为去看杀人而着急赶路，最关键的是这是中国国民的代表，没有典型的特征，缺少了个性特征。尤其"食物"之比喻，形容见神，入木三分，写出了国民看杀人的浓烈兴致（也许还暗含人吃人的意义）

（4）茶馆众生相：底层百姓圈子。

满身横肉的康大叔、花白胡子、驼背五少爷、红眼睛阿义。

特征：集体愚昧、冷漠麻木

重点："阿呀，那还了得。"坐在后排的一个二十多岁的人，很现出气愤模样。

"发了疯了。"二十多岁的人也恍然大悟的说。

二十多岁的人，正青春，但却愚昧无知、自以为是、完全不理解革命。

这更是让人无比悲哀和痛心。

（5）夏奶奶。

"忽然见华大妈坐在地上看她，便有些踌躇，惨白的脸上，现出些羞愧的颜色；但终于硬着头皮，走到左边的一座坟前，放下了篮子。"

"瑜儿，他们都冤枉了你，你还是忘不了，伤心不过，今天特意显点灵，要我知道么？"他四面一看，只见一只乌鸦，站在一株没有叶的树上，便接着说，"我知道了。——瑜儿，可怜他们坑了你，他们将来总有报应，天都知道；你闭了眼睛就是了。——你如果真在这里，听到我的话，——便教这乌鸦飞上你的坟顶，给我看罢。"

夏奶奶并不理解儿子的革命，反而为他被杀头而感到羞愧。认为夏瑜坟头的红白花圈是为他诉冤，除了愚昧无知，更能看出革命者家人都不能理解革命者革命的意义，一见革命者悲哀，再见革命脱离群众的无效。

2. 看客的群像

"老栓看看灯笼，……只见许多古怪的人，三三两两，鬼似的在那里徘徊；定睛再看，却也看不出什么别的奇怪。"（群像之一）

"古怪的人"是神情古怪，似有所期待；行动古怪，似焦灼不安；目的古怪，满足久渴的刑肉嗜血的欲望。"鬼似的"，引人思考，人像鬼，表现了作者对此类麻木不仁者的极度愤慨和贬斥。"却也看不出什么别的奇怪"，自然，见多不怪，积习为常。这就暗示老栓在心理上和看客融合了。此一节，鲁迅先生以强烈的主观情感贯注于字里行间，笔调之沉痛，透示出所传达信息之悲哀：这就是中国普通人中的大多数！

"一阵脚步声响，一眨眼，已经拥过了一大簇人。那三三两两的人，也忽然合作一堆，潮一般向前进；将到丁字街口，便突然立住，簇成一个半圆。"（群像之二）

写（群像之一）重在用"怪"字来形容，画（群像之二）重在用"一"字来数量。一个看客，又一个看客，再一个看客，三三两两的人快速聚集，加进老栓，再拥进一大簇人，集合成一堆人。此处纯用漫画式勾勒，兼以摹声、描形的散文笔法，雕镂出一个观众如潮的骇人场面。

"老栓也向那边看，却只见一堆人的后背；颈项都伸得很长，仿佛许多鸭，被无形的手捏住了的，向上提着。"（群像之三）

鸭子被人用手捏住颈项，向上提着，显然是准备屠宰了以供宴筵。这些看客的命运与现在正在被屠杀的、鲜血被做成药用馒头的革命者的命运不会有什么区别。一旦亡国，大家都是待宰的羔羊。"无形的手"显然指精神麻痹，被清洗了大脑因而不再具备一种自主精神的人，是最可怜的人，这种人活在世上，无异于行尸走肉。

"这给谁治病的呀？"老栓也似乎听得有人问他，但他并不答应。（不定像）

从文本语境推测，或许有人问了，或许没有人问；也许有一个人问了，也许有很多人问了。与前文的个像、群像相比，作者在这里似乎有意写看客的"不定像"。"不定像"是对个像和群像的有意识的综合。在明确化之后又进一步模糊化，不仅使麻木不仁、愚昧无知的看客性格表露无遗，而且使观众对所有的看客都尽收眼底，所有的哀愤都攒聚心头。

总结："闲"是鲁迅揭示当时国民病态的一种，这一点在茶馆众生：花白胡子、驼背五少爷，甚至其他茶客身上体现得完全一致。正因为"闲"才有时间看热闹、看杀人、看骂架等，甚至连他们自己也不知道看什么，这就是"看客的闲病态"。

文章中"看客"形象的突出，有其特定的文本背景。可怕的刑场、恐怖的杀人事件、凶残的刽子手、无助的被杀者以及肃杀的天气都构成一种客观存在的压力和吸力。鲁迅先生笔下的看客是赤裸裸的，先生正是要以这种赤裸裸唤醒愚昧麻木的国民，从精神上给他们以疗救。

四、研读课文、把握主题

标题《药》有什么深刻含义？

（1）指的是被拿来治病的"人血馒头"。（这是由于长期的封建统治给国民造成的愚昧无知）

（2）"人血馒头"这"药"最后无效，说明脱离群众的革命是无效的，不是治疗中国的良药。

（3）"药"是用来治病的，所以要去寻找治疗中国的良药。

总结：人血馒头可以医治痨病，革命者的行为是"癫疯"的行为，夏瑜坟头的红白花圈是为他诉冤。——从文章开始到结尾，夏瑜为革命献身这样一件英烈的事，都因为人们的封建迷信思想与愚昧冷漠，失去了它应有的意义。鲁迅在文中虽没有指出救国救民的"药"是什么，但有两点是明确的：一要改变国民的思想，拯救他们的精神；二是革命不能脱离群众。

《边城》整本书阅读教学设计

四川省成都市武侯高级中学　袁欢

一、阅读目标

通过引导学生阅读《边城》和交流研讨，品味小说优美的文字，欣赏沈从文笔下的边城之美，感受沈从文构建的"优美、健康而又不悖乎人性的人生形式"。探析悲剧之因，进而探究沈从文的创作意图，认识《边城》的思想和艺术价值。

培养学生形成良好的阅读习惯，建构阅读整本书的经验和方法，在读写交流活动中全面发展语文核心素养。

二、阅读准备

（一）阅读版本的选择

（1）北京十月文艺出版社的单部《边城》

（2）北岳文艺出版社出版的小说集

（3）长江文艺出版社出版的作者选集（小说、散文）

根据学生的阅读特点和兴趣，推荐学生准备北岳文艺出版社出版的小说集。

（二）阅读方法指导

1. 制定阅读计划，按学习任务清单推进

2. 批注阅读法

（1）批章节要旨，把握文章脉络。

（2）批疑惑。与文本、与作者进行对话，常质疑。

（3）批感悟。有感而发，不论长短，记录灵感。

（4）批好词佳句，赏析精妙构思。

（5）批联想。联系延伸，比较阅读。

（三）阅读参考资料推荐

（1）汪曾祺《又读〈边城〉》

（2）张新颖《〈边城〉：这个世界有它的悲哀，却在困难中微笑》

三、阅读流程

学习任务	教学内容	教学主题	课时安排
1. 整体感知	1. 请从自然或风俗方面选择一点，如"水""白塔""端午节"，梳理摘录优美语段，品味边城的山水之美、风水之美。 2. 选择小说中的一个主要人物（翠翠、傩送、天宝、爷爷），从她（他）的角度来重新讲述《边城》故事，要求能表达出自己经历、心理和情感	体会"边城之美"	1课时
2. 以小见大	1. 分析杨马兵这一人物，领会作者的创作意图，探究小说的主旨。 2. 另选切口进行细读，如书中关于"碾坊""白塔""翠翠父母的爱情故事""妓女与水手"的描写，领会这些细节对表现作品主旨的作用	把握作品主旨	1课时

续表

学习任务	教学内容	教学主题	课时安排
3. 深入探究	1. 请找出并分析《边城》中的误会场景，对重点篇章段落进行精读，从误会的双方人物、时间、场景、双方的表现、误会产生的原因，以及由此推动了哪些情节的发展等方面对小说中的误会进行解读。 2. 在阅读文本和拓展资料的基础上，探究并交流翠翠爱情悲剧的原因。让学生能够认识到，悲剧产生的因素是多方面的：既有人物性格的原因，有社会的因素，也有作者的写作意图，对人事命运的认识等更深刻的原因	探究悲剧成因	1课时
4. 交流展示	1. 结合自己的阅读体验、生活经验以及对作者创作意图的理解，发挥合理的想象，续写《边城》。 2. 小组内交流讨论，选出优秀的续写作品，举办班级交流分享会	以读促写，加深对作者创作意图的理解	1课时

四、学习任务2"以小见大"教学设计

教学目标：培养学生的细读能力，学习从小切口入手把握整本书主旨的阅读方法。

教学重难点：通过对杨马兵的分析，把握作品赞美正直朴素的人情美，呼唤美好人性的回归的主旨。另寻切口，解读出作品更丰富的主旨。

五、教学过程

（一）导入

小结前一课时的阅读成果：《边城》以20世纪30年代川湘交界的边城小镇茶峒为背景，以兼具抒情诗和小品文的优美笔触，描绘了湘西地区特有的风土人情；借船家少女翠翠的纯爱故事，展现出了人性的善良美好。由于《边城》的美学艺术，这部小说在中国近代文学史上具有独特的地位。在边城，人们仰慕自然，崇尚本能，每个人都有自然的特点和灵性，也具备人类共有的爱恨情仇。这一课让我们一起去关注《边城》中的一个次要人物，从局部

去观照整本书的主旨，去体会《边城》的美学艺术。

（二）学习活动一：细读文本，走近杨马兵

1. 梳理与杨马兵有关的情节，以杨马兵的视角讲述故事

小结：在整本书的情节发展中，因杨马兵醉酒以至于爷爷不能接翠翠，翠翠等候爷爷时邂逅二老；为大老做媒，被拒，大老出走闯滩，意外身亡；代替爷爷，成为翠翠的靠山。小说的结局与他有关，杨马兵这一人物有力地推动着情节的发展。

2. 画出杨马兵与小说主要人物的关系图（老船夫、翠翠、翠翠母亲、顺顺、天保、傩送）

小结：杨马兵最后守护着自己年轻时喜欢的姑娘的孤女，重情重义，体现了作品想要表现的一种"优美，健康，自然而然又不悖乎人性的人生形式"。

3. 细读爷爷去世后，老马兵守护翠翠的相关描写，把握老马兵的形象特点

细节1：老马兵原来跟在她的后边，因为他知道女孩子心门儿窄，说不定一炉焖在灰里，痕迹不露，见祖父去了，自己一切无望，跳崖悬梁，想跟着祖父一块儿去，也说不定！故随时小心监视到翠翠。（第二十章）

细节2：听我说，爷爷的心事我全都知道，一切有我。我会把一切安排得好好的，对得起你爷爷。我会安排，什么事都会。我要一个爷爷欢喜你也欢喜的人来接收这渡船！不能如我们的意，我老虽老，还能拿镰刀同他们拼命。翠翠，你放心，一切有我！……（第二十章）

小结：杨马兵是一个淳朴善良、善解人意、体贴入微、值得信赖的人。

4. 解读杨马兵与环境（碾坊、白塔）的关系

杨马兵："一个有用的人，两只手抵得五座碾坊！"

"为了这塔成就并不是给谁一个人的好处，应尽每个人来积德造福，尽每个人皆有捐钱的机会，因此在渡船上也放了个两头有节的大竹筒，中部锯了一口，尽过渡人自由把钱投进去，竹筒满了马兵就捎进城中首事人处去，另外又带了个竹筒回来。"（第二十一章）

小结：小说中的碾坊象征着金钱财富，从不同人物对碾坊的态度来看，

碾坊作为陪嫁物，已经成为影响青年男女恋爱婚姻的因素。这意味着现代社会重利轻义的思想已经侵蚀人们的心灵。杨马兵明确地表明了自己的态度，重人而轻物。白塔象征湘西人重义轻利、正直朴素的人情民风，杨马兵为人们架起了一座共同重建白塔的桥梁，保留了"农村社会所保有的那点正直朴素人情美"。杨马兵勾连起小说的社会环境。

（三）学习活动二：细读文本，走进边城

分小组运用此方法另选一个小切口（其他小人物、物象或情节），如：翠翠母亲和父亲的爱情故事、妓女与水手、翠翠身边的黄狗、碾坊与渡船等，细读相关的文字，进行分析。每个小组派一名代表交流解读成果。

示例：碾坊与渡船

（1）"人家有一座崭新碾坊陪嫁，比十个长年还好一些。"（第10节）

（2）杨马兵："这是中寨王团总的，大钱七百吊！"（第10节）

（3）与二老同行的脚夫说："若这件事派给我，我要那座碾坊。一座碾坊的出息，每天可收七升米，三斗糠。"（第17节）

（4）"我命里或只许我撑个渡船。"（第19节）

渡船与碾坊成对出现：

第10节：端午节，祖孙看赛龙舟，老船夫被人拉去看碾坊。第12节：兄弟两人在碾坊前推心置腹倾诉心事。

第19节：中寨人向老船夫转述傩送的话，故意曲解傩送的意思。

提示：碾坊是金钱婚姻的代表，是现代文明熏染下的产物，当人们纷纷为价值700吊钱的碾坊叫好时，可见商业文明重利的思想已经侵占了人们淳朴的观念。都市文明的进步也为爱情的选择蒙上了几分复杂的色彩。傩送坚定地选择了渡船，代表自由古朴的婚恋观战胜了金钱至上的实用功利的婚恋观。体现了作者"为人类'爱'字作一恰如其分的说明"的创作意图。

（四）结束语

《边城》在一首清澈、美丽但又有些哀婉的田园牧歌中，为人类的爱做了恰如其分的说明。在这样一篇美丽的文字之中，我们更能感受到一种似乎已为我们所陌生的自然、优美、健康的人性,那种如大自然本身一样凝重、明慧而又本色真实的人生形式。因此,读这样的作品,我们获得的不只是文学艺术的美的享受,更有着对我们心灵的滋养与疗补。

（五）作业

"很多人看我的书近似买椟还珠:欣赏我故事的清新,作品背后的热情却忽略了;欣赏我文字的朴实,那背后蕴藏的悲痛也忽视了。"（沈从文）请从课上分析的这些小切口中,体会文字后蕴藏的悲痛,撰写不少于400字的读后感。

《钢铁是怎样炼成的》
——探究保尔对生命价值的理解与践行

四川省成都市金花中学　李华

📕 课程背景

义务教育阶段,新课程标准提倡整本书阅读。要求学生多读书、读好书、读整本书。能够综合运用多种方法阅读整本书,借助多种方式分享阅读心得,交流研讨阅读中的问题,积累整本书阅读经验,提高整体认知能力。引导初中学生丰富自己的精神世界,建立高尚人的生价值观。

📕 学情分析

假期里,已安排学生进行整本书阅读。学期伊始,为帮助同学们更有效阅读,开展了主题为《怎样进行整本书阅读》的阅读课。但根据与学生阅读交流、学生上交的作业反馈,学生们整体对该小说的阅读流于形式,理解浮于表面,兴趣聚焦在小说情节的趣味性上,缺乏深入阅读。本堂课希望借助探寻保尔生命价值，拉近同学们与该红色经典现实意义的距离，能与主人公保尔共情，从而从现实生活出发，学习和践行保尔的精神品格。

教学目标

1. 通过梳理情节，探寻保尔生命价值的形成与践行。
2. 由生命价值观引领，分析保尔人物形象。
3. 结合时代，探讨保尔红色精神的现实意义，传承红色精神。

前期阅读及课前准备

1. 寒假安排阅读，并做思维导读。
2. 每周安排一节阅读课。
3. 按小组分配任务，小组合作完成阅读任务。
4. 上阅读指导课——《怎样进行整本书阅读——读中指导》。
5. 课前准备：细读保尔海边思考人生，重拾生命价值片段；寻找新时代"保尔"；评选优秀阅读者，3名优秀阅读者准备小专题阅读分享。

教学时长

50分钟

教学过程

一、导入

【设计意图】：从书写和理解易错字"炼"入手，理解标题含义，自然引出主题。

（1）回顾前期阅读及教学内容，展示学生阅读成果。

（2）通过对"炼"的书写和分析，理解标题含义，从而引出对保尔生命价值的探讨。

过渡：作者奥斯特洛夫斯基回答一名英国记者的采访，对"为什么要采用这个标题命名"时回答："钢是在烈火与骤冷中铸造而成的。只有这样它才能坚硬，什么都不惧怕。我们这一代人也是在这样的斗争中、在艰苦的考验中锻炼出来的，并且学会了在生活面前不颓废。"小说中的保尔正是在他生命历练中锤炼出了他的生命价值和信仰。

二、生命价值的理解与践行

【设计意图】：由保尔的生命价值观中"整个生命和全部精力"自然过渡到对其思想形成的探讨。看图片说情节，既能带着大家快速回顾文中主要情节，又能调动同学积极性，活跃课堂气氛。通过概括文中重要情节，将保尔的一生分为三个阶段，厘清保尔价值观的逐步形成过程。

（一）展示名言

谈到保尔的生命价值，我们总能想到这句话："人最宝贵的是生命。生命每个人只有一次。人的一生应当这样度过：当回忆往事的时候，他不会因为虚度年华而悔恨，也不会因为碌碌无为而羞愧；在临死的时候，他能够说：我的整个生命和全部精力，都已经献给了世界上最壮丽的事业——为人类的解放而斗争。"生齐读。

过渡：保尔将他的"整个生命和全部精力"都献给了革命，这正是他对其生命价值的理解和践行。那么保尔具体是如何建立和践行他生命价值的呢？下面有请优秀的阅读者小彭同学分享她是如何通过梳理情节探寻保尔生命价值的。

（二）通过梳理情节，探寻保尔生命价值观的形成与践行（该环节由阅读优秀者彭×化分享）

1. 活动：看图片说情节

提问：我撷取了 1976 年版本中的 6 幅插图，请同学们用抢答的方式说说这个插图描绘了什么情节或场景。

（少年保尔在工厂当童工的情景；保尔帮助朱赫来从押送兵手中抢枪逃走的场面；保尔手持军刀跃马在战场上厮杀的英姿；保尔和红军战士们冒着暴风雪抢修铁路的情景；区党委书记填表介绍保尔参加俄罗斯共产党；患病失明的保尔在床上写作。）

2. 分享梳理情节方法，谈价值观的逐渐形成与践行。

过渡：我将保尔人生分为三个阶段，1-5 为保尔参军前，6-11 为保尔参军时，12-14 为保尔参军后。

1. 12岁保尔离开学校，先到食堂车站干活，后来被哥哥带去发电厂。
2. 沙皇被推翻后，保尔结识到朱赫来，朱赫来还教保尔打拳。
3. 保尔结识冬妮娅。
4. 朱赫来为了躲避搜查，躲进保尔家。保尔为救朱赫来惹祸上身，并被抓走。
5. 上校错放保尔，保尔在偶然中再遇冬妮娅。
6. 保尔加入骑兵战队，在战斗中受重伤。
7. 保尔出院后，与冬妮娅一起参加会议，冬妮娅的打扮让他们产生分歧。
8. 保尔与丽达一同执行任务，遇到朱赫来平息动乱。
9. 保尔在修铁路时得了伤害。
10. 保尔经历曲折终于成为共产党员。
11. 保尔与丽达重逢，为丽达与达伊洛打架。
12. 保尔先后结识珠姑、达雅、廖莉娅。
13. 保尔找到达雅，与达雅结婚。
14. 保尔疾病缠身，奋笔疾书创作小说。

人生经历	生命价值
从童年到参加红军	保尔生命价值观初形成
参加战斗和国民经济建设	保尔用满腔热情甚至生命践行人生价值
伤病缠身，从事文学创作	保尔用其短暂一生为我们写下人生座右铭

3. 教师总结

师总结：保尔对生命价值的理解和践行告诉我们，一个人只有战胜敌人、战胜自己，将自己的命运与祖国命运、人民的利益联系在一起，才会成为当之无愧的钢铁战士。

过渡：这位钢铁战士具体有哪些优秀品质？你又是怎么看出来的呢？下面有请优秀阅读者小李同学为大家分享。

三、生命价值观赋予保尔的人格魅力

【设计意图】：理解高尚生命价值观对人物形象的意义。总括人物形象分析方法，有助于同学们举一反三。升华主题，加深对小说人物的认识。

（一）保尔的人格魅力（该环节由阅读优秀者李××分享）

（1）为保尔做知识卡片，初识保尔；
（2）人物衬托和环境烘托，突出保尔；
（3）通过典型情节，加深对保尔认识。

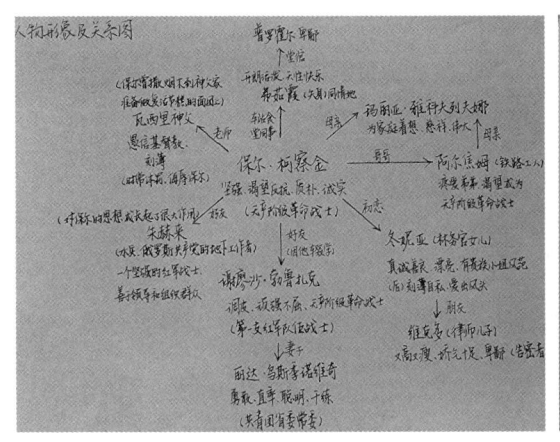

次要人物衬托、对比　　　　　　　环境描写烘托人物

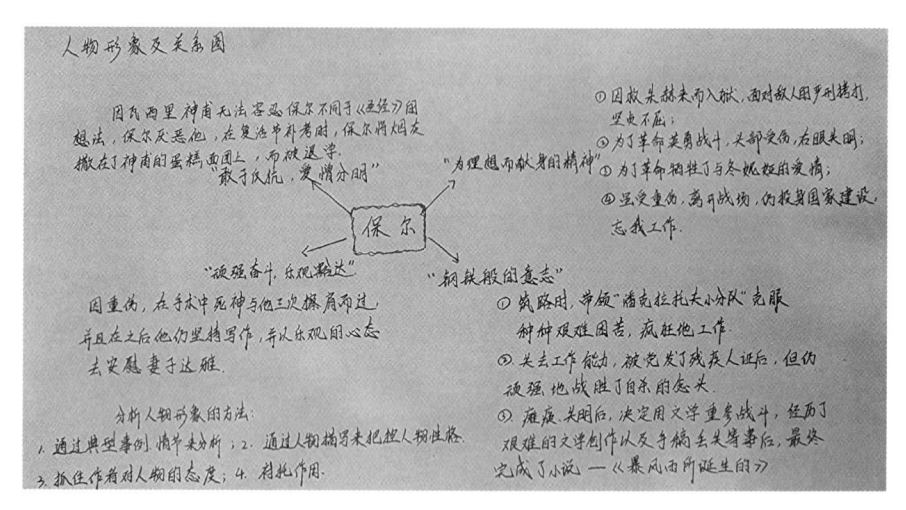

[手写思维导图：人物形象及关系图——保尔]

过渡：保尔用行动为我们塑造了一个生命典范。但也有同学问我："李老师，我觉得保尔没有你说的那么完美，他也有怯弱、想逃避的一面，比如他就想过自杀。"下面我们一起来观看这个情节。

（二）播放电视剧片段：保尔重拾生命价值（生观看视频）

讨论：这个情节让你对保尔有什么新的认识？影视作品和原著，哪一个更能展现保尔的形象？

（学生讨论，并发言，老师做适当引导和总结。在影视作品和原著比较环节，需要指出影视中具体场面和原著相应文字做比较。）

预设："真的勇士无非是在看清生活本质后依然热爱它。"保尔既是钢铁战士更是有血有肉的普通人。他也会怯弱，失去方向，但困难打倒的是懦夫，成就的是英雄和勇敢者。

相比较而言，影视作品更为直观，对于因各种原因不想读原著的同学，可以退而求其次选择电影电视剧，但我还是建议大家看原著。就刚才所看情节比较，原著中为了展现保尔内心斗争，首先直接描写人物内心大量独白；其次，采用大量环境描写进行烘托。显然，在人物形象上，原著塑造得更饱满，并给我们更多想象空间。

过渡：我们生活在和平年代，过着衣食无忧的日子。保尔的生命价值观对我们今天还有意义吗？关于这一点，小蓉同学有话说。

四、保尔生命价值的现实意义

【设计意图】：由小说到现实，从国外到国内，推人及己，学习和践行保尔的精神品格。

（一）探究保尔精神现实意义（该环节由阅读优秀者小蓉同学分享）

小蓉同学探究思路：先分析总结保尔重要精神品质的现实意义，再重点从学生个人角度出发，结合学习生活、社会发展等方面谈如何践行这些高尚品质。

（二）新时代保尔

让学生们讲述新时代"保尔"的故事，谈启示。

预设：张定宇、张桂梅、钟南山、朱彦夫……要学生说出具体事件、相应品质以及带给自己的影响。

过渡：是的，革命战争虽离我们远去，但保尔的生命价值观、保尔的精神却影响着我国一代又一代的人。"一个时代有一个时代的长征，每一代人有每一代人的使命。"面对自然灾害，无论是 1998 年洪水暴发，汶川大地震，我们需要这样的精神；面对病毒侵害，无论"非典"，还是新冠肺炎，我们需要这样的精神；面对中华民族的伟大复兴，中国梦的实现，我们在座的每一位同学和老师更需要这样的精神。

（三）倡导传承红色精神

最后，分享给大家一句话，愿与大家共勉：

"一个没有精神的人，是心灵荒凉的人。一个没有精神的民族，是前程黯淡的民族。精神的质量可以改变个人与世界的命运。"——《长征》（生齐读）

诗歌类整本书阅读教学设计

解读意象，品析情感
——《艾青诗选》整本书阅读教学设计

四川大学附属中学初中部　屈敏

作家及作品介绍

艾青，原名蒋海澄，浙江省金华人，是中国现当代文学史上的著名诗人。1910年出生于浙江金华一个地主家庭，五岁以前被寄养在同村的一个贫苦农家。18岁他考入西湖艺术学院绘画系，第二年去法国留学，两年以后回国。因为参加"中国左翼美术家联盟"活动，被捕入狱。在监狱中，艾青失去了绘画的条件，于是开始"借诗思考、回忆、控诉、抗议"，写下了长诗《大堰河——我的保姆》，抒发了对抚养他的保姆——大堰河深深的挚爱和无尽的怀念。这首诗是他的成名作，发表时第一次使用了"艾青"这一笔名。

20世纪30年代，艾青的诗歌创作达到了一个高峰。1937年7月7日，卢沟桥的炮声震撼了中国大地，也把诗人们的诗思引向民族救亡的滚滚洪流。他这一时期的诗歌是充满"土地的忧郁"，多写国家民族的苦难、悲伤与反抗，具有非常凝重、深厚而又大气的风格。

这一时期，艾青诗歌中的主要意象是"土地"和"太阳"。他的长诗《向太阳》《火把》，借歌颂太阳、索求火把，表达了驱逐黑暗、坚持斗争、争取胜利的美好愿望，诗人也因此被称为"太阳与火把"的歌手。

艾青诗歌创作的另一个高峰是在1978年以后。经过了20年的沉寂，人们又在报刊上看到了他的名字。诗人"归来"，诗风也发生了很大的变化。诗句变得更整齐，诗情变得更深沉，诗意变得更警策。当然，这一时期的诗人，仍然继续着歌颂光明的主旋律，写了长诗《光的赞歌》，赞美"光"这一神奇的物质，赞美"光"带来的社会文明，以及"像光一样的坚强"的社会正义，字里行间包含着睿智哲思。——节选自初中语文部编教材第一单元《名著导读》

学情分析

从教材的选编上看，现代诗歌在九年级选入的篇幅比例较七、八年级是有很大增加的，从之前的单篇到九年级上下册各有一个单元的占比，且有明确的、螺旋上升的学习任务，可见掌握现代诗歌的学习方法，学会鉴赏现代诗歌是九年级的学生必须掌握的学科素养，也是陶冶情操，提升审美情趣的重要途径。九年级学生在已有学习经验的积累下，在掌握现代诗歌的朗读方法，把握诗歌的情感基调和揣摩情感等方面有一定的能力，但还没有形成体系。同时，对于十多岁的学生而言，和记叙类文本相比，他们对诗歌的学习兴趣相对较弱。加之艾青的诗歌从创作的时代背景而言，和学生的生活经历也存在客观的差距，所以学生对其诗歌内容的理解和情感的把握存在一定的困难。基于此，特将本次整本书教学设计从学生已有学习经验出发，落脚到诗歌最终的归宿——情感，将本次教学设计的中心设定为"解读意象，品析情感"。

教学目标

1. 学生通过查阅资料，初步了解诗人的生平和创作历程（可参考初中语文部编版教材第一单元"名著导读"）。

2. 学习解析意象的基本方法，解读艾青诗歌中常见意象的内涵。

3. 通过解读意象，揣摩艾青诗歌浓郁深沉的情感。

教学活动

活动一：引出学习目标——课前问卷调查，了解学生学习现代诗歌的兴趣和存在的困惑。

活动二：解读意象——通过"微课"讲解、替换意象等方式，明确艾青诗歌中常见意象的内涵，学会解读意象的方法。

活动三：品读意象，揣摩情感——通过对比阅读、合作学习等方式细品意象，从而学会揣摩诗歌的情感。

📔 教学设计

活动一：引出本课学习目标

（一）课前下发问卷调查——《我的名著阅读真心话》

在初中语文教材提供的名著阅读书目中（《朝花夕拾》《昆虫记》《世说新语》《骆驼祥子》《傅雷家书》《海底两万里》《骆驼祥子》《红星照耀中国》《钢铁是怎样炼成的》《艾青诗选》《水浒传》等），选出自己最喜欢阅读（最感兴趣、最能吸引自己）的书（可以是多本）并简要说明理由，再选出自己阅读兴趣相对较低的书籍（可以是多本）并简要说明理由。

（二）课堂展示问卷调查的结果

1. 教师展示 PPT

70.2%的同学喜欢阅读记叙类文本，特别是小说体裁的名著；29.8%的同学喜欢阅读传记类名著和诗歌。

请同学们结合自己填写的问卷内容，说说自己对传记类文学或者诗歌阅读兴趣较低的理由。

2. 学生自由发言

3. 教师小结

学生对传记类文学和诗歌阅读兴趣相对较低的理由（根据学生课堂的发言和问卷调查的内容得出的结论）大概如下：

（1）学生能较快速地把握记叙类文本的内容，且大多数文本有鲜明的人物形象，特别是小说类文本故事性很强，能快速吸引学生的关注，调动学生的阅读兴趣；而传记类文学和诗歌却没有这样突出的特点，因此相对而言，学生阅读现代诗歌的兴趣较低。

（2）学生缺少系统的学习方法，对诗歌含蓄深沉的情感"似懂非懂"，难以准确品味。

（三）引出学习目标

学习诗歌的方法很多，本堂课重点学习一种方法，即通过品读诗中意象，揣摩诗人情感。

活动二：解读意象

（一）知意象

1. PPT 展示

所谓意象，就是客观物象经过创作主体独特的情感活动而创造出来的一种艺术形象。简单地说，意象就是寓"意"之"象"，就是用来寄托主观情思的客观物象。

2. 调动学习积累，回顾古诗中常见的意象及其含义，学生自由发言

（1）月：表达思乡、思亲念友之情，暗寓羁旅情怀，寂寞孤独之感。例句：露从今夜白，月是故乡明。我寄愁心与明月，随风直到夜郎西。

（2）柳："柳者，留也。"古人有折柳送别之习俗，古诗中常用"柳"表达依依不舍的离别之情和游子思乡之情。例句：昔我往矣，杨柳依依。

（3）梅花：以梅拟人，凌寒独开，喻品格高贵；暗香沁人，象征才气横溢。例句：墙角数枝梅，凌寒独自开。遥知不是雪，为有暗香来。

3. 梳理艾青诗歌中常见意象

学生结合教材"名著导读"内容和《艾青诗选》归纳：

土地系列：

田野：《旷野》《复活的土地》《手推车》……

村庄：《村庄》《通明的夜》《农家》……

山峦：《斜坡》《矮小的松木林》……

太阳系列：

火焰：《篝火》《野火》……

黎明：《黎明》《黎明的通知》《晨歌》……

光芒：《太阳》《向太阳》《光的赞歌》……

（二）明意象

1. 了解诗人生平及其创作历程对其意象选择的影响

思考："土地""太阳"为何能成为艾青诗歌中最为常见的意象？

（1）学生活动：阅读教材"名著导读"，勾画、整理、摘抄关键信息。

（2）教师：播放微课"艾青诗选导读"，明确诗人的生平经历和时代背景都会对其诗作中意象的选用产生重大的影响。

2. 关注意象本身的特点

思考：为何是这个意象，而不是另一个意象？

艾青诗中的"土地"意象能否替换为"天空"或"大海"？

（1）学生发言。

（2）教师点拨："土地"不仅有阔大辽远的特点，还能孕育万物，与人民大众的生活息息相关，更具深沉厚重的特点。

3. 关注意象所营造的意境

思考：《我爱这土地》中：这永远汹涌着我们的悲愤的河流

"河流"能否换成"小溪"？

（1）学生发言。

（2）教师点拨："河流"与"小溪"相比，范围更宽广，"河流"本身也具有汹涌澎湃之态，更符合整首诗的诗义与意境。

（三）课堂练习

运用刚才所学的知识，思考"黎明"能否换为"太阳"，并说明原因。

我爱这土地

假如我是一只鸟，

我也应该用嘶哑的喉咙歌唱：

这被暴风雨所打击着的土地，

> 这永远汹涌着我们的悲愤的河流,
> 这无止息地吹刮着的激怒的风,
> 和那来自林间的无比温柔的黎明……
> ——然后我死了,
> 连羽毛也腐烂在土地里面。

学生作答并分享。

教师小结:学习现代诗歌,了解诗歌的情感是出发点也是目的地,而充分地了解意象的特点和选用原则,再通过品读意象去揣摩情感,特别是诗中含蓄内敛的情感,是一个非常有用的方法。

活动三:品读意象,揣摩情感

引入:"一切景语皆情语也"(王国维《人间词话》),如何通过意象揣摩情感?

(一)关注意象的修饰语,解读意象揣摩情感

1. 阅读诗作《旷野》

通过分析意象"田野""旷野"的修饰语,揣摩这首诗的情感。

2. 学生自主学习、批注、分享展示

"田野"是平凡、单调、简陋与卑微的,"旷野"是"悲哀而旷达,辛苦又贫困"的,通过对这些意象的修饰语的分析,可以揣摩出作者对祖国、对土地的深爱。

3. 教师小结

通过分析意象的修饰语,如形容词、副词、数词等,深入解读象中之意,从而揣摩诗歌的情感。

(二)关注意象本身的特点,解读意象揣摩情感

同一个意象,为何情感不同?

诗作《初雪》,情感:"初雪"与"童趣"和谐而完美地融合,对大雪和童真的赞美。

诗作《雪落在中国的土地上》，情感：诗人对人民命运和祖国命运的关注与担忧，以及迫切地寻找救国救民道路的思考。

思考：同一个意象"雪"，为何表达的情感不一样？

1. 学生发言

2. 教师点拨

《初雪》通过写雪下孩童的对话场景，写出了大雪似棉被，带给庄稼和人民的是温暖和希望，整首诗充满了对大雪和孩童的赞美。《雪落在中国的土地上》中的雪是寒冷的、无情的，带给人民的是痛苦和灾难。因此，同一个意象，本身的特点不一样，表达的情感也会不一样。

（三）关注作品的写作背景，解读意象揣摩情感

意象本身的特点相同或相似，为何情感不同？

同为深沉厚重的"土地"，为何情感不一样？

诗作1：《我爱这土地》　　诗作2：《复活的土地》

1. 学生：合作探究、分享探究结果

2. 教师点拨

分析"土地"所处的具体场景、关注写作背景。

《我爱这土地》写于1938年，抗日战争爆发后，日本侵略者在华北、华东和华南一带接连占领，所过之处，大肆破坏，企图瓦解中国民众的反抗意志。在这片苦难的土地上，作者化为一只从生到死，直至与土地融为一体的"鸟儿"深情地为祖国歌唱。

《复活的土地》写于1937年7月6日，艾青在沪杭路车厢里写下这首诗歌，诗人预言伟大的抗日民族解放战争即将来临，写出了受尽凌辱的伟大民族觉醒、奋起的姿态和精神。

3. 教师小结

时代背景不同，作者的所见、所感也会不同，因而即使具有相同或相似特点的同一个意象所蕴含的情感也会不一样。

（四）课堂练习

如果要编一本《爱与痛的诗行——艾青诗选》，下面四首艾青不同时期的代表作，哪两首更合适入选？（　　　）

A.《鱼化石》　　B.《北方》　　C.《刈草的孩子》　　D.《我爱这土地》

活动四：课堂总结

这节课上，我们归纳了《艾青诗选》常见的意象，更学会了通过品读意象来揣摩诗歌的情感，这是学习诗歌的一个重要且有效的方法，同学们可以在课下用所学知识再选几篇艾青在不同时期的诗作来品读与鉴赏，深刻体会艾青这位"土地的歌手"对祖国的赤子深情。

《艾青诗选》整本书阅读教学设计

四川省成都武侯外国语学校　喻雪丽

第一课时

一、学习目标

1. 能够感受诗歌的表现形式，品读诗歌的语言表达。
2. 能够感知诗人的创作背景，感悟诗歌的韵律美，把握艾青诗集的特点。
3. 通过诗歌朗读比赛等引导学生掌握品鉴诗歌的步骤，感受艾青真挚而深沉的爱国情感。

二、教学重难点

重点：能够感受诗歌的表现形式，品读诗歌的语言表达，感知诗人的创作背景，感悟诗歌的韵律美，把握艾青诗集的特点。

难点：能够结合时代背景品读艾青真挚而深沉的爱国情感。

三、教学课时

2课时

四、教学过程

（一）诵读诗句，课堂导入

师：请大家齐读诗句：

为什么我的眼里常含泪水？因为我对这土地爱得深沉。

因为，我们的曾经死了的大地……将是战斗者的血液。

师：这两句诗歌中频繁出现了"土地"一词，这两句诗句均出自现代诗人"艾青"之手，在他的笔下"土地"究竟有着什么特殊的含义呢？让我们一起走近《艾青诗选》，探索他的精神世界。

板书：《艾青诗选》

（二）知人论世，熟悉背景

师：在课前老师布置了一个小任务，查阅资料，了解"艾青"创作的时代背景和简介，请大家给我介绍一下艾青。

生：艾青（1910—1996），现代著名诗人，浙江金华人。原名蒋海澄，笔名莪加、克阿、林壁等。1928年进入杭州国立西湖艺术学院绘画系。翌年赴法国勤工俭学。1932年初回国，在上海参加中国左翼美术家联盟，从事革命文艺活动不久被捕。

生：1936年出版了第一本诗集《大堰河》，表现了诗人热爱祖国的深挚感情，泥土气息浓郁，诗风沉雄，情调忧郁而感伤。

板书：第一步：知作者，熟背景

（三）朗读比赛，感知体裁

师：让我们通过朗读诗歌的方式走近《艾青诗选》。在本单元的学习中我们学过他的《我爱这土地》，下面还有几首诗歌节选，请大家深情诵读。

屏幕上展示《我爱土地》和《他死在第二次》(节选)

教师将学生分为四人一组,分别诵读《我爱这土地》和《他死在第二次》。

师:通过反复诵读,大家可以给老师说一说这两首诗歌的主要内容是什么吗?

生:《我爱这土地》诗人通过托物言志的手法,抒发了作者对祖国的深沉的爱;《他死在第二次》(节选)主要叙述了战士们负伤后在医院的故事,刻画了一个淳朴憨厚、勇于为保卫祖国抗战而负伤的普通战士的形象。

师:刚刚同学们用到了"抒发"和"叙述"这两个词语,我们再细细品味一下这两个词语,想一想:这两首诗歌的"体裁"相同吗?

教师指导学生齐声朗读诗歌。

生:《我爱这土地》是抒情诗,《他死在第二次》是叙事诗。

小结:不同的诗歌体裁也不同,品析诗歌的第一步是"知作者,熟背景",第二步是分析诗歌的体裁是什么,由此进一步找出诗歌所应用的表达方式,循序渐进,从表达方式上诗歌可以分为抒情诗和叙事诗两大类。

板书:第二步:辨体裁——抒情诗、叙事诗

(四)感知表达

师:请大家说一说抒情诗有哪些表达方式,叙事诗有哪些表达方式?

生:抒情诗的表达方式有借景抒情、情景交融等;叙事诗的表达方式有以小见大等。

师:抒情诗的表达方式分为直接抒情、间接抒情。间接抒情有借景抒情、情景交融、托物言志和借修辞手法抒情等;叙事诗的表达方式有以小见大、对比与铺陈等。不同的诗歌体裁,从表达方式入手更能精确地品析诗歌的语言。

(五)深入研读,品读语言

师:请同学们自由朗读诗歌,在朗读的过程中注意诗歌的韵律和节奏,体会诗歌的语言特点。

屏幕上展示《雪落在中国的土地上》(节选)和《大堰河,我的保姆》(节选)

师：同学们，这两首诗都是抒情诗，对于这两首诗，除了可以从表达方式来品析诗歌的语言，还可以从哪方面品析呢？四人一组一起讨论一下。（韵律节奏）

师：请大家根据老师的提示来品析诗歌的语言特点。

教师提示：

《大堰河——我的保姆》，我读出了作者对大堰河的怀念和同情，我在读的时候应该语调舒缓。在诗中作者巧用排比的修辞手法，在娓娓动情的陈述之中，表达了对大堰河深沉的挚爱。

《雪落在中国的土地上》，我读出了平缓、低沉的语调，"雪落在中国的土地上。寒冷在封锁着中国呀！"，四次出现，反复咏叹，抒写了战争侵略使中国人民蒙受苦难，表达了诗人忧国忧民的心情。

生品析：

《大堰河——我的保姆》，我读出了作者对大堰河的赞美与哀叹，我在读的时候应该语调上时喜时悲，变化不定。多变的节奏，构成变化多端的旋律，诗人在诗中巧用反复的手法，表达了对大堰河特有的深情，使诗歌一唱三叹，回环婉转，增强了诗歌的抒情效果。

《雪落在中国的土地上》，我读出了作者对祖国的赤子情怀。我在读的时候应该用悲凉压抑的语调。诗人在诗中巧妙运用了十分新奇的比喻，把风比作紧紧跟随、伸出寒冷指爪拉扯行人衣襟、不停絮聒的老妇，无疑象征了人们所遭受的苦难，给人一种阴森之感。

板书：第三步：抓表达，品语言

五、板书设计

《艾青诗选》

第一步：知作者，熟背景

第二步：辨体裁——抒情诗、叙事诗

第三步：抓表达，品语言

六、作业布置

品读诗歌的语言,格式为:

我选择的诗歌是_____,作者在创作时的写作背景为_____,这篇诗歌的体裁是_____,在诵读时,我读出了作者的_____,我在读的时候应该语调_____,在诗中巧用_____的手法,_____。

第二课时

一、学习目标

1. 能够品鉴诗歌的意象、感受意象中所寄托的情思。
2. 能够感知诗人的内心世界,体会艾青诗集中"太阳"和"土地"两种主流意象。
3. 通过小组讨论等引导学生掌握品鉴诗歌的步骤。

二、教学重难点

重点:能够品鉴诗歌的意象,感受意象所寄托的情思,感知诗人的内心世界,体会艾青诗集中"太阳"和"土地"两种主流意象。

难点:能够掌握品鉴诗歌的步骤。

三、教学课时

2课时

四、教学过程

(一)回顾旧知,课堂导入

师:上节课我们学习了三个品鉴诗歌的步骤,一起回忆一下。

生:第一步:知作者,熟背景;第二步:辨体裁——抒情诗、叙事诗;第三步:抓表达,品语言。

师:在赏析和品鉴诗歌中,除了赏析它的语言,我们还会品鉴什么呢?

这节课就让我们再次走进《艾青诗集》，进入艾青笔下开阔苍凉而又明净绚丽的诗歌意境中吧。

板书：《艾青诗集》

第一步：知作者，熟背景

第二步：辨体裁——抒情诗、叙事诗

第三步：抓表达，品语言

（二）反复诵读，把握意象

师：同学们，你们知道诗歌中的"意象"究竟是什么吗？我相信同学们也有些许困惑，先别急，我们来回顾一下《我爱这土地》这首诗中的事物，同学们齐读诗歌：

这被暴风雨所打击着的土地……

和那来自林间的无比温柔的黎明……

这四句诗写了哪些具体的事物？一起说说看

生：暴风雨、河流、风、黎明

师：你们觉得这些事物在诗中代表的是什么呢？请自由反复诵读，感知回答。

生：暴风雨——国土家园正遭受侵略者的践踏；河流——面对灾难时人民的悲愤就像河流般汹涌强烈；风——中国人民奋起反抗、抵抗到底、誓死保卫家园的决心；黎明——美好的未来、希冀与憧憬。

小结：那些经过作者独特的情感活动而创造出来的带有作者主观情感态度的客观事物就是意象，它往往能让抽象的形象具象化。

同学们在分析诗中的情感时可以借助"意象"来进入诗中，剖析诗中作者表达的情感。

屏幕展示：诗歌《向太阳》

师：意象究竟要怎么品析呢？我们光找出事物，怎么去分析作者寄托的抽象的主观情思呢？我们要做到五个"必看"，才能品析意象。

屏幕展示：

① 必看题目

② 必看作者

③ 必看注释

④ 必看名句

⑤ 必看题干

师：请根据五个必看方法，四人一组，分工合作，品析意象。

生：《向太阳》为题，正是赞美人类从苦难中再生的欢欣的，也可以说，艾青写的是他心中所想的太阳在中国冉冉升起时的感触。

师：自由朗读诗歌，找出事物，品析意象，结合时代背景和作者经历，从诗歌的表达方法和语言来剖析情感，感知意象。

生："太阳"在这首诗中是一种象征，诗人在诗中指明，历史是不可阻挡的，光明的到来是必然的。当抗日民族解放战争由民族危亡走向新生的伟大历史转折时，诗人用敏锐的目光注视着时代的变化，发掘出"民族潜藏着的生命力，也是民族解放最深厚的伟力"。

师：同学们赏析得很到位，在《向太阳》组诗群中，与众多苦难意象对立的光明意象群开始出现，如火把、火焰、号角、春天、曙光、黎明、太阳等，艾青诗的风格开始朝向对光明事物的歌颂，诗人对民族解放、民主自由的追求成为诗歌创作的主题。

板书：第四步：寻事物，找意象

（三）体会情感，引起共鸣

| 土地 | 诗歌：《北方》 | 诗歌：《手推车》 |
| 太阳 | 诗歌：《火把》 | 诗歌：《吹号者》 |

师：大家的朗读饱含深情，接下来请同学们自由朗读四首诗歌：《北方》《手推车》《吹号者》《火把》，梳理这一组诗歌的意象特点和表达的情感。

生：意象——《北方》：暗淡的灰黄、枯死的林木、低矮的住房、灰暗的天幕（写出悲哀的境况）。《手推车》：凝冻的冰雪、贫穷的小村、单独轮子的手推车、灰黄的土层、深深的辙迹、广阔荒漠的道路（灾难深重、贫穷荒凉的北国农村风景图）。

生：情感——诗歌选取手推车等意象，反映了北方人民在战火下的痛苦和悲哀，蕴含着作者对生活在水深火热之中的祖国北方人民的深切同情和对战争的痛恨。

师：太阳意象系列诗歌是《艾青诗选》第二大系列诗歌，包含着太阳、黎明、火把等意象，色调明亮情感激昂。艾青把革命与爱情比作美丽、耀眼、热情、金色、炽烈的火把，体现了艾青对旧社会的黑暗和恐怖的痛恨以及对黎明、光明、希望的向往与追求。

板书：第五步：知意象，感情思。

小结：20世纪30年代，诗人借"土地"和"太阳"意象创作的系列诗歌多写民族的苦难、悲伤与反抗，表达了驱逐黑暗争取胜利的美好愿望。他这一时期的诗歌总是充满"土地的忧郁"，被称为"土地的歌者"。

（四）小试牛刀，即兴吟诵

师：艾青，他的笔触雄浑，感情强烈，倾诉了对祖国和人民的情感。我相信同学们也有时会忍不住将自己的心情吟诵一曲，现在同桌两人一组，自由讨论，根据老师出示的开头和提供的意象，自由发挥创造诗歌。

《落叶》——望着外徐徐飘下的落叶，我在思考：落叶是树的放弃还是风的努力，我思考着它要飘去哪里、落在何方、又该有着怎样一份情绪。

开头：

在这没有忧伤的秋天

我是一片漂泊的落叶

独自在水面叹息

……

意象：风、湖水、枯木、乌鸦……

生：《落叶》

我是一片漂泊的落叶

独自在水面叹息

森林的静寂

林间的喧嚣

连同风霜雨雪的肆虐

还有鱼虾的调皮

无数次的颠覆

师：同学们都很棒，很有文采。当我们有了诗歌，生活也变得充满诗意和浪漫。诗歌有点对点的欣赏，如伯牙与子期，诗也可以展示人类情感的共通点：某一个诗眼可以打动更多人。诵读诗歌也是诉说着自己内心的声音！

五、板书设计

《艾青诗选》

第一步：知作者，熟背景

第二步：辨体裁——抒情诗、叙事诗

第三步：抓表达，品语言

第四步：寻事物，找意象

第五步：知意象，感情思。

六、作业布置

选择"土地"或"太阳"任意一个意象，创作一首短诗。

散文类整本书阅读教学设计

共品文字，同润朝花
——《朝花夕拾》整本书阅读教学设计

四川省成都市棕北中学西区实验学校　冷琼辉

一、学情分析

《朝花夕拾》是鲁迅唯一暖色调的散文集，温暖有趣，但时代跨度大，加上鲁迅先生的杂文笔法以及七年级的孩子生活经验单薄，作品与读者之间的隔膜增加了孩子的阅读难度。孩子们在小学学过查找资料、圈画关键词句、概括筛选信息等阅读方法，因此在前一个月的自主阅读中，可以要求孩子们运用学到的阅读方法通读全书，完成下列学习任务。

（1）通读全书，勾画出有疑问的地方，查阅资料，了解时代背景及鲁迅在此时此地的生活经历与处境，读懂每一篇文章。

（2）了解每篇文章的主要内容，概括事件，感知人物，简单批注。

（3）勾画每篇文章中表达作者观点与情感态度的词句，感悟每篇文章的主旨。

在此基础上，本堂课安排的是集体阅读分享，从整体上把握《朝花夕拾》的内容思想，培养孩子的合作意识，训练孩子的整合思维与能力。

二、教学目标

（1）熟练运用归类整理的阅读方法，学会对事件和人物进行分类。（重点）

（2）能结合事件分析人物，把握《朝花夕拾》中的人物形象。（重点）

（3）品味语言，学习作者刻画人物、描写场景的方法。（难点）

（4）初步感知作者的双重视角，深入理解《朝花夕拾》的主旨。（难点）

三、教学准备

多媒体、A4 纸

四、教学时间

1 小时

五、教学过程

（一）夺花魁（8～10 分钟）

1. 导入（3～5 分钟）

同学们，在过去的三周里，我们已经自主通读了鲁迅先生的散文集《朝花夕拾》，然而独学寡闻，且读书之味，愈久愈深，今天，我们就一起来品味这本集子。

首先，这本集子的哪些信息沉淀在你的脑海里？请回忆你记忆中的花儿，比一比，看谁能一举夺花魁呢。

（希沃白板：小组竞赛活动一分钟——与《朝花夕拾》作家作品均相关的花儿是：周树人、旧事重提、范爱农、衍太太、隐鼠……）

2. 讨论（3～5 分钟）

在这本集子的小引里有这样一句话："前天，已将《野草》编订了，这回便轮到陆续载在《莽原》上的《旧事重提》，我还替他改了一个名称：《朝花夕拾》。"请猜一猜，鲁迅为何要将"旧事重提"改为"朝花夕拾"？

（预设：旧事重提只能表明是回忆往事。朝花夕拾不但能表明回忆往事，而且表达出这些往事如花儿一般美丽珍贵，且更形象更富有诗意。）

（二）增花色（15 分钟）

师引导：汪静之曾经感慨道："时间是一根铁鞭，将繁花击落，踏入满地泥沙。"而鲁迅先生的这一树繁花，也被岁月风干。他说不能带露折花，无法赏到色香。但如果我们用心品读文字，去了解鲁迅在这树花中经历过的事、遇过的人、看过的风景，就可以让这树繁花活色生香。接下来，让我们分小组讨论，一起动笔，还朝花以鲜润。

分组开展下列活动（将学生分为六个学习小组，学习任务分为四个板块写在纸签上）。

1. 每个组抽签领取学习任务

2. 分组讨论交流并用 A4 纸勾勒出一朵或一枝花。在花瓣上写下讨论结果

老师巡回指导。

（1）任务一：拈花忆事（梳理事件）

第一组：鲁迅在回忆桩桩往事时，印象最深的往往是温暖有趣的乐事儿，请快速浏览筛选出来。

第二组：人生不如意十有八九，沉淀在鲁迅的记忆里沉闷的、伤心的憾事儿又有哪些呢？

（2）任务二：拨花寻人（人物与写法）

第三组：鲁迅遇到过哪些人，这些人留给鲁迅怎样的印象呢？（分析人物）

第四组：找出文中描写人物最传神的句子，自选角度品味（探究写法）

（3）任务三：赏花入画（写景方法）

第五组：留在鲁迅记忆中美好的画面有哪些？你最喜欢哪些描写画面的语句？请摘录赏析。

（4）任务四：悟花品香（感悟主旨）

第六组：鲁迅以儿时的心态回忆过往，又以成年的目光审视人间，我们不难读到文字中既有温馨的回忆、深沉的爱与怀念，又有理性的思考与深刻的批判。请结合每篇文章体悟作者抒发的感情并进行分类。

温馨的回忆——对哪些人事深沉的怀念与热爱？

理性的思考——批判嘲讽哪些现象观念？

3. 各组根据学习结果，给本组绘制的花瓣涂抹合适的色彩并阐明理由

（三）拼花树（30分钟）

各小组的代表，向全班同学汇报学习成果，然后把本组绘好的花朵贴在黑板的花枝上。

（老师此时为主持人身份，串起各组展示，并在适时引导拓展。）

师引导：刚才的分组学习中，同学们细细品读，轻轻讨论，慢慢描画，老师看到一朵朵美丽花儿的正在绽放，现在让我们共赏朝花。有请第一组的同学给我们拾起花儿，讲述往事。

1. 第一组

鲁迅在回忆桩桩往事时，印象最深的往往是温暖有趣的乐事儿，我们梳理出这些乐事：养小隐鼠、得到《山海经》、百草园中捉蜈蚣、按斑蝥、捕鸟、三味书屋中寻蝉蜕……我们这组花儿是粉色的，因为这些乐事给童年鲁迅带来了快乐和温暖。

老师小结：鲁迅以舒缓的笔调给我们描绘了一朵朵温情的小花，让人仿佛看到了一个天真、活泼、顽皮可爱的小孩鲁迅。有同学从这些故事中看到自己的身影吗？请一位同学来分享一个给你带来快乐的趣事。

（学生分享）

老师引导：生活赐予人们美好，也给人们布下荆棘。请第二组的同学分享。

2. 第二组

我们发现，沉淀在鲁迅的记忆里沉闷的、伤心的憾事儿有：想看五猖会却被父亲拦着去背书、读《二十四孝图》后的扫兴、为父亲的病四处奔波求医却依然没能救下父亲……我们画的是紫色的花儿，因为这些事儿给鲁迅带来的是沮丧、失望、伤心、无助。

老师引导：悲欢往事中，鲁迅在渐渐长大。拨开花枝，一些怎样的人在鲁迅先生成长历程中留下了或深或浅的痕迹呢？有请第三组同学分享。

3. 第三组

读《琐记》，我们看到了自私、虚伪、猥琐的衍太太，《无常》中善良可爱温暖有人情味的无常,粗俗无知却又淳朴善良的长妈妈,正直无私、真诚负责的藤野先生,傲岸耿介、潦倒凄苦的范爱农……我们花朵是五色的,因为这些人个性形象各不相同……

老师引导:这各色人等、众生百态,鲁迅先生总是在不经意之间来个神来之笔,寥寥数语,画活人物。让我们跟随第四组的同学去欣赏鲁迅先生的神来之笔。

4. 第四组

(1)"她生得黄胖而矮"——仅仅四个字,生动准确勾画出阿长的身材容貌,体现出阿长的普通。(2)"她于是十分欢喜似的,笑将起来,同时将一点冰冷的东西,塞在我的嘴里",神态中透露出阿长的心满意足,一个"塞"的动作,既写出阿长得到祝福的激动兴奋,希望我吃福橘的急迫,也刻画出她粗鲁的个性。(3)"其时进来的是一位黑瘦的先生,八字须,戴着眼镜,挟着一叠大大小小的书",寥寥数语,勾画出一位简朴博学的藤野先生。……我们这组的花儿是金黄色的,因为这些描绘特别传神,让人眼前一亮……

老师引导:先生不但善于给人画像,还能用清新的笔触描绘他所看过最美的景象,让人身临其境,接下来让我们倾听第五组同学的分享,一起走进美妙的画境之中。

5. 第五组

画面1:"不必说碧绿的菜畦、光滑的石井栏、高大的皂荚树、紫红的桑椹;也不必说鸣蝉在树叶里长吟,肥胖的黄蜂伏在菜花上,轻捷的叫天子突然丛草间直窜向云霄里去了"。生甲:我觉得鲁迅描绘的色彩太美了,"碧绿""紫红","黄蜂"的黄色,菜花的"金黄",百草园真是色彩斑斓的百乐园。生乙:我仿佛看到菜畦,真想进去沾沾露水,光滑的石井栏我也想摸一摸,我也想爬上那棵高大的皂荚树,尝一尝酸酸甜甜的桑椹,听到蝉鸣我想去拨开树叶找找蝉的身影……作者通过视觉、触觉和听觉等感官来描绘,让我仿佛置身于百草园……。

画面2:"那是一个我的幼时的夏夜,我躺在一株大桂树下的小板桌上乘凉，祖母摇着芭蕉扇坐在桌旁，给我猜谜，讲故事。"生丙：夏夜、桂树、弥漫着静谧，小板桌、芭蕉扇又很惬意，我、祖母、故事、谜语又那么温馨。这幅夏夜乘凉图让我想起了……我们的花儿是淡紫色的，因为这些场景清晰又朦胧，散发着梦幻色彩……

老师小结引导：先生画人传神，人物栩栩如生；写景生动，画面引人入胜，真可谓妙笔生花。人一生遇到的人、经历的事、看过的风景，都会化作最美的礼物。正如鲁迅轻叹："他们也许要哄骗我一生，使我时时反顾。"这"哄骗"是温暖，是慰藉、是警醒、是思考，都化作亮光，照亮前进的路。中年困顿、置身漫漫黑夜的鲁迅，拾起这树朝花，回忆起童年青春，面对现实社会，会生发哪些情感呢？请第六组同学带领我们一起感悟花中蕴藏的复杂情感，品味先生思想之花香。

6. 第六组

鲁迅先生在这10篇散文中，既通过温馨的回忆抒发了对童年美好生活的怀念和向往，也表达了对亲人师长的热爱感激和怀念，例如对长妈妈的愧疚、同情、感激和祝福；对藤野先生的敬仰、感激和怀念、对同窗范爱农的同情与怀念。也对人性和社会有理性的思考和批判。《琐记》中衍太太的自私、虚伪、《父亲的病》中庸医的唯利是图、草菅人命；《狗猫鼠》讽刺批判了"正人君子"的丑恶嘴脸；《五猖会》批判封建教育对孩子天性的压制和摧残；《二十四孝图》对虚伪、腐朽的封建孝道进行了讽刺。我们这组的花儿是一朵蓝色的，因为这是中年鲁迅对生活最深沉的热爱和思考。

老师小结：无论是温馨的回忆，还是理性的思考，我们都能感受到鲁迅先生对美好自由生活的热爱，以及鲁迅先生在那个纷争时代的独立思想。而这种自由精神和独立思想，在这树朝花枝头，被鲁迅先生定格在文字里，又经由后人用心去解读，弥散在岁月中，历久弥香。

今天这堂课，同学们一起品味，一起着色，让鲁迅先生的往事如在身边，文中的人物犹在眼前，而我们自己也仿佛置身于先生青春年少所经历的画面中。先生写作时遗憾没有带露折花的色香，今天，同学们却让这一树朝花活色生香。这就是阅读经典，常读常新！

（四）话成长（作业）（3～5分钟）

探索鲁迅的成长历程，获得成长启示。

从《朝花夕拾》中梳理鲁迅是如何从一个天真活泼、贪玩淘气的儿童成长为一个具有强烈爱国情怀的青年的，你从中获得怎样的启示，写一篇小短文（200字以上）。

戏剧类整本书阅读教学设计

命运枯井里的挣扎与无力
——《雷雨》整本书研读教学设计

四川省成都市武侯高级中学　何悦

一、研读目标

悲剧艺术能让人洞见命运的力量与人生虚无，从而唤起人们在认识到命运的不可抗拒性后，保持与之抗衡到底的坚持和勇气。本单元中《雷雨》选文属于学生自读课文，《雷雨》整本书阅读教学旨在基于教材选文的基础上，进行整本书深度阅读。作为我国话剧史上具有独特的文学意义和丰厚的教学价值的里程碑之作，《雷雨》整本书阅读不仅可以满足单篇戏剧文本教学的基础性目标，还能实现大单元的教学目标，将"知识"内化成"素养"。让戏剧文本的教学，能够真正提升学生的语文审美与鉴赏能力，审美化体验悲剧内核。

二、研读准备

（1）阅读《雷雨》全剧，梳理人物关系、概括情节、赏析语言、分析人物形象、总结主旨。

（2）阅读曹禺《〈雷雨〉序》、夏竹《曹禺与语文教师谈〈雷雨〉》、曹树钧《曹禺是怎样构思〈雷雨〉》、陈思和《人性的沉沦与挣扎：〈雷雨〉》的等相关文章，了解戏剧创作的背景及悲剧的艺术魅力。

（3）制作阅读清单，按课时检查阅读任务完成情况。

阅读内容	任务	能力点	收获与困惑
1. 发放学习资料	了解作者曹禺、话剧的定义、特点等相关知识	知识的归纳概括能力	
2. 剧本通读	1. 画出8个人物关系图。 2. 概括主要情节	情节的概括能力	
3. 剧本研读	任选剧本中四组矛盾冲突，赏析语言、分析人物形象、探究人物命运的多面性	剧本的鉴赏能力及探究能力	
4. 拓展阅读	阅读曹禺《〈雷雨〉序》、夏竹《曹禺与语文教师谈〈雷雨〉》、曹树钧《曹禺是怎样构思〈雷雨〉》、陈思和《人性的沉沦与挣扎：〈雷雨〉》的等相关文章，了解戏剧创作的背景及悲剧的艺术魅力	相关资料的搜集阅读整理能力	
5. 课本剧表演	1. 观看《雷雨》话剧片段。 2. 班级话剧表演	审美的创造力	

三、研读流程

（一）流程梳理

1. 戏剧知识的梳理

（1）戏剧三要素：戏剧冲突、人物语言（台词）、舞台说明。

（2）戏剧冲突：人与人之间的冲突、人与环境的冲突、人与内心的冲突。

2. 初识文本

概括戏剧的基本情节，厘清人物的复杂关系。

3. 研读文本

精读"周朴园逼繁漪喝药""周朴园、鲁侍萍重逢""周朴园与周冲之间的争执""周朴园和鲁大海的矛盾"等重要情节，赏析戏剧语言、总结人物形象。

4. 拓展阅读

阅读曹禺《〈雷雨〉序》、夏竹《曹禺与语文教师谈〈雷雨〉》、曹树钧《曹禺是怎样构思〈雷雨〉》、陈思和《人性的沉沦与挣扎：〈雷雨〉》的等相关文章，了解戏剧创作的背景、探究悲剧意蕴、探究悲剧的艺术魅力。

5. 实践活动

通过课本剧表演，亲身体验戏剧天地，感受其中的无穷魅力

（二）课时安排

通读文本：2课时

研读文本：4课时

拓展阅读：2课时

实践活动：2课时

四、研读实践

（一）通读文本——以任务为驱动

1. 概括戏剧主要情节

学生活动：分享24小时内四幕剧中你印象最深的情节。

【明　确】

第一幕：周公馆。

　　　　鲁贵向四凤讲"闹鬼"。

　　　　繁漪分别四凤、周冲、周萍的对话。

　　　　周朴园逼繁漪喝药。

第二幕：周公馆。

　　　　周萍和四凤约会。

　　　　繁漪和周萍交锋。

　　　　周朴园和侍萍重逢。

　　　　鲁大海与周朴园对峙。

　　　　鲁贵父女被周家辞退。

第三幕：鲁贵家。

　　　　周冲送钱，四凤拒绝。

　　　　周萍越窗与四凤相见。

第四幕：周家客厅。

　　　　四凤与周萍恋情曝光，两人出走。

繁漪阻止出走。

周朴园让周萍认母。

四凤、周冲触电身亡；周萍开枪自杀了；侍萍痴呆；繁漪疯狂

2. 画出人物关系图

学生填写八组人物关系图，小组内分享完善。

【明　确】

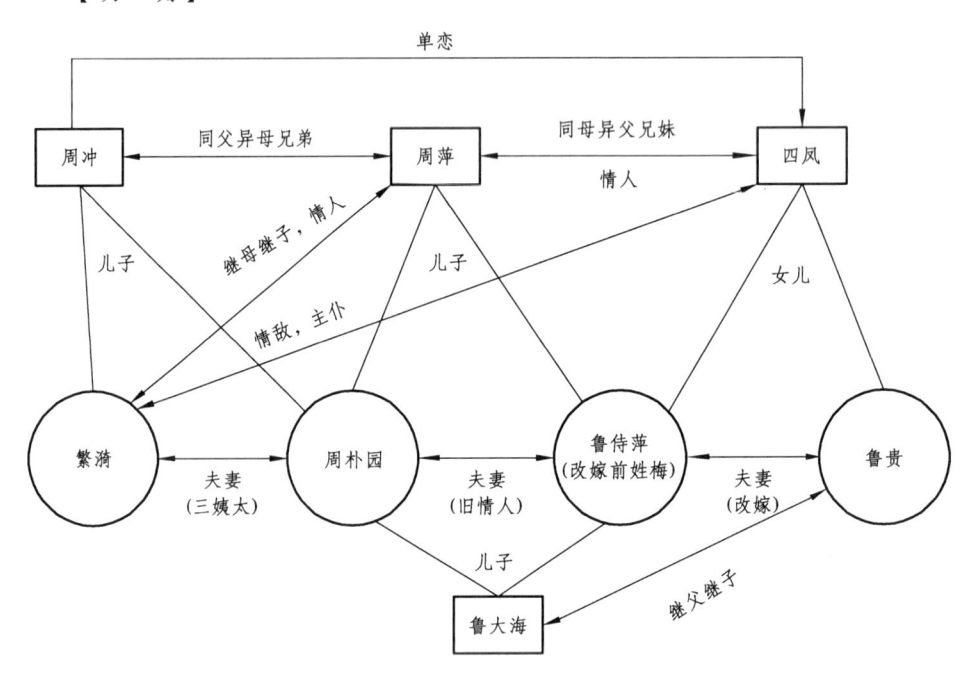

```
                        单恋
        ┌──────────────────────────────────┐
        ↓                                  │
      ┌────┐  同父异母兄弟  ┌────┐  同母异父兄妹  ┌────┐
      │周冲│ ←───────────→ │周萍│ ←───────────→ │四凤│
      └────┘                └────┘    情人       └────┘
        │  继母继子,情人  ╱    │   ╲              ╱
        │儿子          ╱     │儿子╲            ╱女儿
        │         情敌,主仆   │     ╲          ╱
        ↓        ╱            ↓      ↓        ↓
      ○──────  ○──────────  ○──────────  ○
     繁漪  夫妻  周朴园  夫妻   鲁侍萍    夫妻  鲁贵
          (三姨太)      (旧情人) (改嫁前姓梅) (改嫁)
                    ╲       儿子     ╱
                     ↓              ↓
                    ┌────┐ 继父继子
                    │鲁大海│←────────
                    └────┘
```

（二）研读文本——以问题为导向：分析矛盾冲突和人物形象

学生活动1：以周朴园为中心找出四幕中主要的矛盾冲突，以及矛盾冲突的焦点。完成以下表格。

场次	矛盾冲突	冲突焦点
第一幕		
第二幕		
……		
全剧		

【明　确】

场次	矛盾冲突	冲突焦点
第一幕	周朴园与蘩漪	喝药
第二幕	周朴园与蘩漪	看病
第四幕	周朴园与蘩漪	审判周朴园
第二幕	周朴园与侍萍	三十年生死恩怨
	周朴园与鲁大海	阶级矛盾
全剧	周朴园与周萍、周冲	家长专制

【矛盾小结】

戏剧以周朴园为中心，层次清晰地展现出错综复杂的三条主要矛盾冲突线索——周朴园与蘩漪、周朴园与侍萍、周朴园与鲁大海的矛盾冲突，使全剧八个人都卷入紧张的矛盾冲突之中，形成了牵一发而动全身的集中严密的结构。

学生活动2：尝试借助冲突分析相关人物形象

（1）问题讨论：蘩漪为什么要歇斯底里地反抗周朴园？

【明　确】

蘩漪：敢于追求自由并拥有强烈抗争性精神的悲剧人物。

例子：① "我不愿意喝这苦东西"，"我不想喝"，"留着晚上喝不成么"。

② "你看你！你简直教我想笑。你忘了你自己是怎么样一个人啦！"

③ "不，我要一个人在这儿歇一歇，我要你给我出去"

④ "不，我不愿意。我告诉你我不愿意！"

⑤ 当众撕毁了周朴园伪善的面具，使"最体面最有秩序"的家庭一夜之间倾塌。

（2）问题讨论：周朴园对侍萍到底有没有真正的爱情？

【明　确】

侍萍：勤劳、善良、刚毅倔强、有尊严，对命运有幼稚的幻想，又不得不屈服于命运的下层劳动人民。

例子：① 看到周朴园如此"怀念"自己，抱有某种幻想。

② 在周朴园的"忏悔"中，产生了某种轻信和谅解。

种种不确定使她有意识地隐藏身份同时又在语言动作中不断表露出自己的特征，内心活动复杂。

（3）问题讨论：周朴园对待两任妻子的态度有差别吗？有共性吗？

【明　确】

对蘩漪：绝对掌控。

周朴园按照封建传统伦理道德规范要求妻子，要求她言听计从，做一个"服从的榜样"。能维护其在家庭中的权威地位，做个"贤内助"。当他发现蘩漪是一个自由独立，有自己思考的女性时，失望让他对蘩漪施以冷漠强横的压抑。

对侍萍：仅仅怀念。

曹禺："周朴园对侍萍的怀念是真实的，绝对真实的。"周朴园的思想感情是复杂的。我们既不能因他见到侍萍后的惶恐暴怒，而否定他对侍萍怀念的某种真实性和特殊的赎罪心理，当然也不能因他以往对侍萍的怀念而否定他与侍萍见面时的自私、冷酷，为了弥补自己虚无的精神需求。

（4）问题讨论：从周朴园与鲁大海、周萍、周冲三个儿子相处态度的差距总结其人物形象。

【明　确】

周萍："求恕地"以及求助似地望向蘩漪和周冲，服从命令跪下劝蘩漪吃药，体现出周萍对封建家长制度中霸道、专权的服从，缺少反抗精神，懦弱、无能的一面。

周冲："反抗地"，"爸，您不要这样"，体现了他维护母亲和有反抗精神。

鲁大海：不屈斗争。鲁大海直接威胁到周朴园的切身利益，威胁到这个封建资产阶级代表人物的根本利益；体现他维护工人阶级利益的阶级属性。

【人物总结】

周朴园在特定文化传统的塑形下有着双重人格：绝对权威的统治者与守理守情的文化人。在家庭中他是专横暴戾，冷酷无情的；在对待侍萍的情感上他是虚假伪善的；在政治上他是工人阶级的死敌；在经济上他是丧心病狂的吸血虫；在私人生活上他也是十足的伪君子。正如曹禺所说："周朴园坏到了连自己都不认为自己是坏人。"

（三）拓展阅读——探讨悲剧意蕴

曹禺创作的戏剧很多，但《雷雨》是其中唯一一部作者自己鲜明标榜"悲剧"的作品，这意味着作者在特意提醒读者关注作品的悲剧意蕴。《雷雨》糅合了社会悲剧、命运悲剧以及性格悲剧等多种悲剧元素。

学生活动：你感受到雷雨的悲剧是哪种类型？请举例分析。（学生讨论后，交流展示）

【明　确】

（1）社会悲剧。

《雷雨》揭露了以周朴园为代表的、具有浓厚封建性质的资产阶级家庭的罪恶，以及其必然走向崩溃的命运。

（2）性格悲剧。

曹禺在繁漪身上发现了澎湃的生命激情，人的意识的觉醒，对被安排的命运的反抗。不屈的精神是与文化理性的一种对抗。但她美丽、张扬的形象被封建阶级制度所蚕食，逐渐变得乖戾、偏执、绝望。

（3）命运悲剧。

侍萍："是命！不公平的命指使我来的！"不可抗拒的力量主导了命运走向，侍萍的命运与四凤的命运巧合地重合起来，更具有悲剧性的是，女儿的恋人恰恰就是当年侍萍遗留在鲁家的自己的亲生骨肉。

曹禺曾说在《雷雨》中，宇宙正像一口残酷的井，落在里面怎样呼号也难逃脱这黑暗的坑。每个人都在用力地寻找出路，最后却都搞砸了的一个悲剧故事。看不懂雷雨是因为看不到这命运之手的翻云覆雨，每个人都在努力，最后却适得其反。无论人们如何挣扎终难逃失败的生存状态，表达了曹禺对压抑人性而人又无法把握的某种不可名状的力量的恐惧。

（四）悲剧的艺术魅力

朱光潜曾提出悲剧中不能只有痛苦，悲剧之"悲"在于对待痛苦的方式，没有对苦难和灾难的反抗，就没有悲剧，而悲剧的审美意义也在于此。悲剧中，代表正义或自由的主人公，经历不可避免的灾难，并与灾难进行斗争，最终走上难以逃脱的失败或毁灭。这种奋力抗争精神让人敬佩，使人获得沉痛的快感，从而产生生命的超越感。

学生活动：结合上文，谈谈主人公在命运枯井里挣扎，又无力挣脱命运巨网。那挣扎的意义是什么？

【明　确】

《雷雨》受古希腊戏剧影响，展现的是一部命运悲剧，是命运对人残忍的捉弄。专制伪善的家长、被爱情烧疯了的女人、痛悔罪孽却无意中犯下更大罪孽的青年……家庭的伦理，身世的秘密，人物间错综复杂的关系，最终在一个雷雨夜爆发，有罪的、无辜的人一起走向毁灭。在最后一幕中，真相被一一解开，人在命运面前彻底丧失抵抗之力，命运变为宿命，完全影响了人的生命态度和心理结构，直接导致了最终悲剧的发生。

悲剧主人公顽强奋斗的伟大力量与人类奋发向上的生命力量完全同一，甚至在更高、更强烈的层面上使人类的生命意识得到高扬。

（五）实践活动——课本剧表演

1. 分组

全班分为评委组、场务组、表演组（导演小组、演员小组、服装小组、道具小组），学生根据自身情况选择报名。

2. 要求

选择《雷雨》中的场景进行带妆表演，场景自选，每组时间5～10分钟。

3. 实践活动

时间：随堂

地点：学校音乐厅

内容：班级课本剧表演

在悲剧中感受生命的价值
——《哈姆莱特》整本书研读教学设计

四川省成都市武侯高级中学　徐畅唱

一、研读目标

《哈姆莱特》被称为"人类崇高的生命力之体现，是人类心灵的归宿"。统编教材必修下第二单元为戏剧鉴赏单元。通过学习本单元，学生可以从剧中人物的悲情遭遇，了解不同时代、不同国度的剧作家对社会的理解。本单元中《哈姆莱特》选文属于学生自读课文，《哈姆莱特》整本书阅读教学的目的是在教材选文的基础上，进行《哈姆莱特》整本书深度阅读。通过探讨《哈姆莱特》作品中的悲剧性，帮助学生强化对悲剧这一概念的认识。通过连接《窦娥冤》《雷雨》，引导学生感受悲剧人物在困难和逆境面前勇于反抗以及为正义献身的追求，领悟悲剧人物身上呈现出的生命张力，进而引起学生对生命价值的关注和思考。

二、研读准备

（1）阅读《哈姆莱特》全剧，尝试思考、总结"哈姆莱特之悲"的内容。
（2）阅读林平《论美学悲剧的价值和意义》一文，尝试理解文中的基本概念。
（3）阅读《窦娥冤》《雷雨》选段，尝试理解悲剧人物。
（4）查阅有关悲剧的知识，了解悲剧的类型和特征。

三、研读流程

（一）流程分布

（1）初识文本：学生基本了解故事梗概，理解悲剧的概念和特征。
（2）研读文本：精读《哈姆莱特》内心独白，探讨悲剧的形成及其价值。

（3）拓展阅读：对比教材中所选《窦娥冤》《雷雨》片段，体会悲剧的经典。

（4）实践活动：通过课本剧表演，亲身体验戏剧天地，感受其中的无穷魅力。

（二）课时安排

初识文本：2课时

研读文本：2课时

拓展阅读：3课时

实践活动：2课时

四、研读实践

（一）初识文本——走进悲剧的世界

1. 导入：你更喜欢喜剧作品还是悲剧作品？为什么？

喜不喜欢是一个感性的表达，只是希望同学们能进入戏剧思维的状态。可能有部分同学更喜欢喜剧，因其可以直接给人带来感官的愉悦刺激；也可能有部分同学喜欢悲剧，因其可以给人更深入的思考空间。

2. 概念：认识悲剧的概念和特征

（1）学生活动：阅读《论美学悲剧的价值和意义》一文，说一说什么是悲剧。

【明　确】

① 悲剧将人生的有价值的东西毁灭给人看。——鲁迅

② 悲剧所反映的矛盾是历史的必然要求和这个要求实际上不能实现之间的悲剧性冲突。——恩格斯

③ 悲剧是人的伟大的痛苦或者伟大人物的灭亡。——车尔尼雪夫斯基

（2）学生活动：结合《论美学悲剧的价值和意义》观点，概括悲剧的基本特征。

【明　确】

① 具有某些美好的个人品质，体现对真善美的追求。

② 往往遭受困难、不幸，受尽折磨。

③ 在面对不幸时，闪耀着不屈、抗争的精神。

④ 悲剧人物的结局是毁灭（死亡、发疯、精神世界的崩塌等）。

3. 阅读《哈姆莱特》教材选文及整本书，尝试从悲剧概念和特征的角度分析文本。

（1）学生活动：学生复述故事内容。

【明　确】

《哈姆雷特》描述丹麦王驾崩，守夜卫兵看见老王幽魂出现，告知哈姆雷特王子。叔父克劳迪服丧未满，即娶其兄嫂继承王位。王子与幽魂对话，获知叔父谋害父王之真相，王子装疯卖傻，为证实真相，导演一出老王被毒杀短剧，请新王与新后观赏，叔父当场色变，母后以为王子疯了。王子在质问母亲的时候误杀了大臣，即自己恋人的父亲波洛涅斯。王子恋人奥菲莉亚遭情人失踪及丧父之痛投河自杀，引起兄长雷奥提斯心头之恨，与克劳迪王共谋比剑时涂剧毒于剑锋，酒内下毒，加害王子。不料毒酒被皇后误饮，雷奥提斯自己亦为毒剑所伤，临死告知王子真相，王子报了父仇，自己亦壮烈牺牲。

（2）《哈姆雷特》的悲剧性。

主人公的个人品质、现实遭遇、命运走向均体现悲剧性。

（二）研读文本——探讨悲剧的价值

学生活动1：探讨哈姆莱特内心独白的价值

问题：教材选文中有一大段哈姆莱特的内心独白，即探讨"生存还是毁灭"段落，将其删除似乎也不影响剧情的发展。你认为它存在的必要性是什么？

【明　确】

这一段内心独白一方面能够让读者看清社会的黑暗，指出这个社会到处存在着"人世鞭挞和讥嘲、压迫者的凌辱、傲慢者的冷眼、被轻蔑者的爱情惨痛、法律的迁延、官吏的横暴和费尽心机换来的小人的鄙视"。面对现实，他不惧死亡。另一方面，他害怕死亡，惧怕死后世上再也没有他。哈姆莱特身上既有勇敢、反抗的一面，又有悲观、懦弱的一面。这也使得他在实施报复计划的时候总是犹豫不决。"生存还是毁灭"的选择不仅是哈姆莱特面临的困境，也是全人类所面临的困境。

学生活动2：探讨"悲剧的生命价值"对解决"审美贫困"问题的意义

德国美学家沃尔夫冈·韦尔施提出了"审美贫困"的概念。在他看来，如今的一些现象都在生活中被过分审美化。它造成了美和艺术的过剩。"在表面的审美化中，一统天下的是肤浅的审美价值：不计目的的快感、娱乐和享受……经验和娱乐近年来成了文化的指南。针对"悲剧的生命价值"的探讨是不是给这个问题提供了某种解决的思路？试阐释。

【明　确】悲剧艺术所表现出对崇高的追求、反思的精神，正是当下"审美贫困"所缺乏的特征。对审美艺术的追求是对抗平庸的有效手段。期待更多的人参与到"悲剧艺术"的鉴赏、创造之中。

（三）拓展阅读——深化悲剧认识

学生活动1：思考悲剧

鲁迅说："悲剧将人生的有价值的东西毁灭给人看。"结合窦娥、鲁侍萍、哈姆莱特这三个人物，思考、讨论："有价值的东西"是指什么？其被什么毁灭？"毁灭"给谁看？看什么？把结论填入下面的表格里。

戏剧人物	有价值的东西	被什么毁灭	给谁看	看什么
窦娥				
鲁侍萍				
哈姆莱特				

【明　确】师生交流后生成表格中的内容

（1）有价值的东西——他们本身的美好品质，如窦娥：善良、孝顺、忠贞；鲁侍萍：善良、正直；哈姆莱特：有崇高理想、有抱负、具有人文主义精神。

（2）被什么毁灭——窦娥：贪官污吏、社会的不公（社会悲剧、小人物的悲剧）；鲁侍萍：命运（命运悲剧）；哈姆莱特：延宕的性格（性格悲剧）、社会的混乱、乾坤颠倒（社会悲剧）。

（3）给谁看——观众、读者。

（4）看什么——社会的腐败、命运的不可捉摸、社会混乱给人造成的痛苦与折磨、个体的性格缺陷……

学生活动2：体会悲剧的经典

如果悲剧的价值就止于这些知识的获得，那说明我们还没有真正地理解黑格尔所说"悲剧作为艺术美的一种特殊形式，是人类崇高的生命力之体现，是人类心灵的归宿"这句话的含义。我们先看看一些剧评家是怎样看待悲剧对于我们的价值和意义。

亚里士多德："悲剧是对一个严肃、完整、有一定长度的行动的摹仿，它的摹仿方式是借助人物的行动，而不是叙述，通过引发怜悯和恐惧使这些情感得到疏泄。"

黑格尔："悲剧作为艺术美的一种特殊形式，是人类崇高的生命力之体现，是人类心灵的归宿"

朱光潜："悲剧化悲痛为快乐，把悲观主义本身也变成一种昂扬的生命力感。"

李咏吟：悲剧和喜剧并不是文体形式，而是人类生存的演绎方式，是生存的情感冲突与意志冲突在戏剧中形成的功能价值形态。我们承认，悲剧作为一种艺术类型，它的功能就是直接表现生命存在者的痛苦生存。

学生活动3：尝试从"悲剧的价值"角度用一句话概括上述观点

【明　确】

悲剧通过模仿我们的现实生活，来引发我们的怜悯和恐惧，从而把悲观、痛苦的体验转化成一种昂扬向上的生命力量。

学生活动4：小组讨论"怎样理解这个观点？"（学生讨论后，交流展示）

【明　确】

悲剧所演绎的就是我们的生活，他们的遭际也可能发生在我们的身上。

比如：窦娥所遭遇的社会不公、鲁侍萍被命运捉弄，哈姆莱特性格的"延宕"、个人理想与残酷现实的碰撞等。通过对这些悲剧性事件与悲剧性境遇的展现，唤醒观众的悲痛、怜悯、同情以至崇敬的感情，从而激发起人们灵魂深处的良知，进而形成生命认知的自我警醒或情感震荡。

学生活动5：请再结合林平《论美学悲剧的价值和意义》一文，再深入讨论：我们可以从这些悲剧性人物（窦娥、鲁侍萍、哈姆莱特）的毁灭中看到什么？

【明　确】

窦娥：社会压迫下，保持人格的尊严；和谐的社会秩序下，才有生命的价值实现。

鲁侍萍：在命运的捉弄中，永远保持生命的本色。

哈姆莱特：在社会混乱中，保持自己的崇高理想。

学生活动6：有人会担心，读了太多的悲剧会不会让自己产生悲观主义呢？

① 朱光潜："悲剧所表现的世界在观赏者的心中是一个孤立的世界，和实际利害相绝缘。"这就是观赏者凭借"心理的距离"来欣赏悲剧的结果，即观赏者用"超脱"的眼光把悲剧看作一个与实际生活的忧虑、苦恼和利害关系等相绝缘的孤立的图画，这样就会把悲剧所引起的痛感成分在心理上"消净"了，从而可以积极地反思这些悲剧。

② 这种毁灭悲剧审美并不导向悲观主义，人性在其间的破坏往往是出于对历史发展所作的牺牲，因而这种悲剧性的结构往往会对作品接受者产生强大的感染力和积极的审美效果。一方面，诸如普罗米修斯、哈姆雷特等经典悲剧人物在一定意义上成为具有进步意义的先行者和社会变革推动者；另一方面，如窦娥、鲁侍萍等底层小人物的悲剧性毁灭也让受众意识到旧制度对于人性的压抑和对人们灵魂的扭曲，激发内心崇高的人道主义感情从而产生寻求美好社会形式的动力。人类的生存本能与发展趋向悲剧感的实质是积极的进取精神和责任感，它鄙弃盲目的乐观主义，是一种清醒的人生反思意识。通过反思和审视自己获得心灵的净化与震撼，从而保持积极进取的精神活力。

由此可见，这些反映主人公经历中的悲剧性体验可以使读者们从平庸的生活中实现超越和升华，进一步思考生活当下的意义和价值，意识到个体在社会变革中的责任和使命，由此铸造出一种坚韧而伟大的内在人格。这是悲剧形态赋予人类力量的生动写照，也是悲剧审美的精髓。

【明　确】

悲剧相比于现实生活的遭际，由于具有距离感，更能引起人们的反思。戏剧这种艺术形式看起来很"假"，其实是剧作家的有意为之，就是为了造成这种距离感。

（四）实践活动——课本剧表演

1. 分组

全班分为评委组、场务组、表演组（导演小组、演员小组、服装小组、道具小组），学生根据自身情况选择报名。

2. 要求

选择《哈姆莱特》中的场景进行带妆表演，场景自选，每组时间 5～10 分钟。

3. 实践活动

时间：随堂

地点：学校音乐厅

内容：班级课本剧表演

人物传记、学术著作类整本书阅读教学设计

走向天真心灵的苏东坡
——《苏东坡传》整本书阅读教学设计

四川省成都市武侯高级中学　张翔

一、学情分析

该整本书阅读设计面向高一学生，学生在初中已经学习了苏轼的《江城子·密州出猎》《水调歌头（明月几时有）》两首词，对苏轼的生平、代表作品、主要人生经历及写作风格等知识有初步了解和积累，也有了正确、客观评价人、事、物的基本能力，并且对深入了解苏轼丰富的人格魅力、其他作者对苏轼的评价也很感兴趣，也希望能通过大量阅读，形成自己对苏轼的评价。因此可以给学生推荐一本关于苏轼传记的经典之作，即林语堂先生的《苏东坡传》，让学生先行阅读、摘抄，并写感悟。

二、研读目标

（1）引导学生采用批注、摘抄、写读书笔记的阅读方法，完成《苏东坡传》整本书阅读，掌握写作内容，拓展阅读视野，初步掌握人物传记的阅读方法和技法，增强学生口语交际能力和写作能力。

（2）运用略读、精读等阅读方法，梳理、整合苏轼的重要事件，通过若干活动，引导学生把握苏轼丰富的人格魅力，探讨其形成原因，探讨传主人生价值、社会价值，并进一步尝试个性化的深度阅读，培育学生语言运用能力和审美鉴赏创造的素养。

（3）将苏轼生平与诗文创作联系，重点研读黄州时期的代表诗文，挖掘苏轼在逆境中的坚忍精神及对今天的启示，促进学生对中华优秀传统文化的深入学习思考，培养理解传承中华优秀传统文化的素养。

三、研读准备

任务一：用课外 5 课时阅读完林语堂《苏东坡传》（湖南文艺出版社版本），并用思维导图总结出重要的篇章文段。

任务二：用 2 课时利用互联网、书籍等，搜集整理苏轼黄州时期的诗文。

任务三：用 0.5 课时利用互联网等查阅有关人物传记的写作特征。

四、研读实践

（一）初识文本

1. 导入：林语堂先生及其他眼中的"苏东坡"

1936 年，林语堂在美国准备着手开始写一部有关苏东坡的传记。后来他用英文完成了《苏东坡传》，英文名字为《The Gay Genius》。

2. 根据《苏东坡传》一书，用思维导图梳理出苏东坡的生平

【明　确】人物传记的写作特征首先要能梳理出人物的生平经历，从中发现主要人物的阅历能够给他的人生带来怎样的变化，挖掘出他的精神世界发展之路。

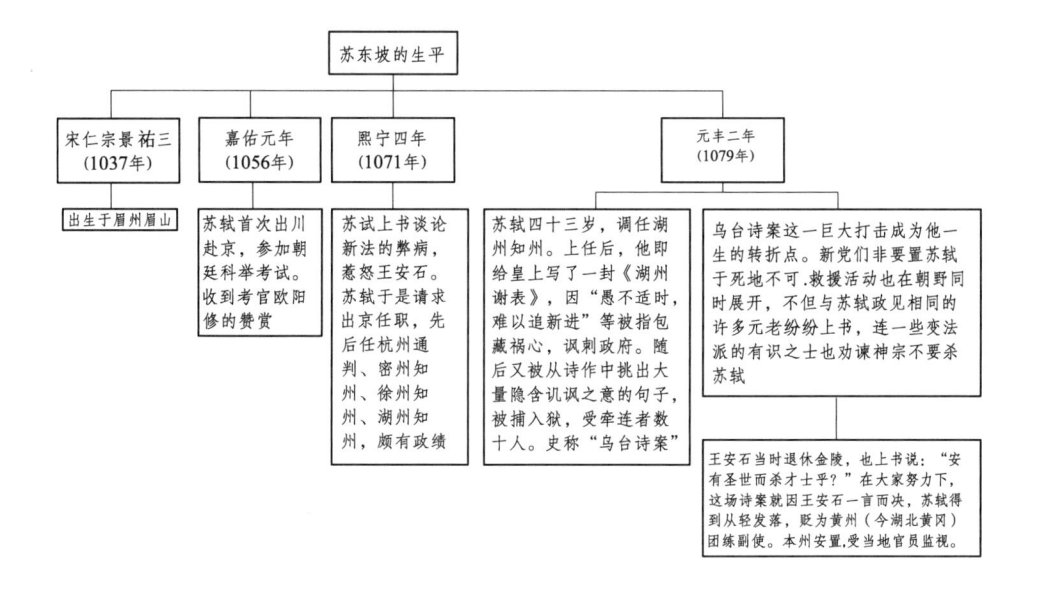

```
                            苏东坡的生平
        ┌────────┬──────────┬──────────┬──────────┬──────────┐
    宋仁宗景祐三  嘉祐元年    熙宁四年              元丰二年
     （1037年）  （1056年）  （1071年）            （1079年）
```

宋仁宗景祐三（1037年）	嘉祐元年（1056年）	熙宁四年（1071年）	（调任湖州）	元丰二年（1079年）	（贬黄州）
出生于眉州眉山	苏轼首次出川赴京，参加朝廷科举考试，惹怒王安石。苏轼于是请求出京任职，先后任杭州通判、密州知州、徐州知州、湖州知州，颇有政绩。	苏试上书谈论新法的弊病，惹怒王安石。苏轼于是请求出京任职，先后任杭州通判、密州知州、徐州知州、湖州知州，颇有政绩。	苏轼四十三岁，调任湖州知州。上任后，他即给皇上写了一封《湖州谢表》，因"愚不适时，难以追陪新进"等被指包藏祸心，讽刺政府。随后又被从诗作中挑出大量隐含讥讽之意的句子，被捕入狱，受牵连者数十人。史称"乌台诗案"。	乌台诗案这一巨大打击成为他一生的转折点。新党们非要置苏轼于死地不可。救援活动也在朝野同时展开，不但与苏轼政见相同的许多元老纷纷上书，连一些变法派的有识之士也劝谏神宗不要杀苏轼	王安石当时退休金陵，也上书说："安有圣世而杀才士乎？"在大家努力下，这场诗案就因王安石一言而决，苏轼得到从轻发落，贬为黄州（今湖北黄冈）团练副使。本州安置，受当地官员监视。

（二）研读文本

1. 展示思维导图总结出的《苏东坡传》的结构

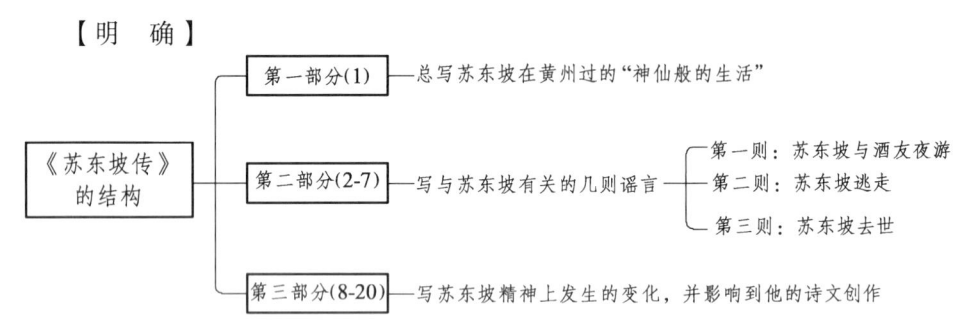

【明　确】

```
                ┌─ 第一部分(1) ── 总写苏东坡在黄州过的"神仙般的生活"
                │
《苏东坡传》    │                                        ┌─ 第一则：苏东坡与酒友夜游
的结构  ────────┼─ 第二部分(2-7) ── 写与苏东坡有关的几则谣言 ─┼─ 第二则：苏东坡逃走
                │                                        └─ 第三则：苏东坡去世
                │
                └─ 第三部分(8-20) ── 写苏东坡精神上发生的变化，并影响到他的诗文创作
```

2. 重点研读苏东坡精神上发生的变化是如何影响到他的诗文创作

【明　确】

苏东坡追求自由的生活，引起他精神上的变化，这种变化体现在他的文学创作上，讽刺的苛刻、批评的尖锐、紧张愤怒的情绪都消失了，取而代之的是光辉温暖、亲切宽和的诙谐与成熟，对人生做了透彻而深入的领悟。

如能体现"温暖幸福"的《记承天寺夜游》中："元丰六年十月十二日夜，解衣欲睡，月色入户，欣然起行。念无与为乐者，遂至承天寺，寻张怀民。怀民亦未寝，相与步于中庭。庭下如积水空明，水中藻荇交横，盖竹柏影也。何夜无月？何处无竹柏，但少闲人如吾两人耳。"

又如《后赤壁赋》中："须臾客去，予亦就睡。梦一道士，羽衣蹁跹，过临皋之下，揖予而言曰：'赤壁之游乐乎？'问其姓名，俯而不答。'呜呼！噫嘻！我知之矣。畴昔之夜，飞鸣而过我者，非子也邪？'道士顾笑，予亦惊寤。开户视之，不见其处。"

如能体现诙谐成熟的文段："马梦得与余同岁月生，少仆八日。是岁生者无富贵人，而仆与梦得为穷之冠。即吾二人而观之，当推梦得为首。有二措大相与言志。一云：'我平生不足惟饭与睡尔。他日得志，当吃饱饭后便睡，睡了又吃饭。'另一则云：'我则异于是。当吃了又吃，何暇复睡耶。'"

3. 一句话评说苏东坡

学生活动，分组讨论，向大家介绍读了《苏东坡传》后最喜欢的一个故事片段，感受最深的哲理性评说，分别用一句话评说"你眼中的苏东坡和《苏东坡传》"。

【明　确】

"苏东坡是一个无可救药的乐天派、一个伟大的人道主义者、一个百姓的朋友、一个大文豪、大书法家、创新的画家、造酒试验家、一个工程师、一个憎恨清教徒主义者、一个瑜伽修行者佛教徒、巨儒政治家、一个皇帝的秘书、酒仙、厚道的法官、一个在政治上专唱反调的人。一个月夜徘徊者、一个诗人、一个小丑。但这些还不足以道出苏东坡的全部……苏东坡比中国其他的诗人更具有多面性天才的丰富感、变化感和幽默感，智能优异，心灵却像天真的小孩……"

【目　标】

从作者眼中、其他人眼中到自己眼中的苏东坡形象分析，可以让学生对文本内容的递进关系进行解读。

4. 若要你制作一期关于苏轼的纪录片，你会给纪录片写一个什么题目？选取一个什么切入点？

【明　确】

可以制作短视频或美篇——探寻苏东坡的惠州足迹（利用地理优势，通过实地考察，让学生更真切地体会苏轼的人格魅力）或者苏东坡的黄州足迹、杭州足迹等。这样就把他的生平、诗文都穿插起来了。纪录片的主题可以是"魅力苏轼"，"苏轼的今生今世""穿越时空的苏东坡"等。

"差序格局"精读教学设计
——《乡土中国》整本书阅读之阅读推进课

四川省成都市第十二中学　张金成

一、学情分析

（一）教材分析

阅读整本书，学习不同类型书籍的阅读方法，积累阅读整本书的经验，养成良好的阅读习惯，不断拓宽阅读视野。这是教材对学生阅读的要求。高一必修上册的《乡土中国》是一部社会学的经典著作，有大量的学术概念，内容抽象，并且罗列了大量的社会现象来阐释观点，具有逻辑性强、科学系统等特点。随着时代的变迁，书中的相关理论在当今现实社会情景下很难理解，一些理论可在现代社会找到对应现象来印证，一些理论则需要辩证看待。这些对于高中学生来说，如果缺乏系统的知识基础，阅读起来是比较困难的。

（二）教师分析

对大多数教师来说，学术类著作的整本书阅读教学还没有形成一套行之有效的教学策略。教师往往还停留在传统的教学观念上，按照一般类型内容组织教学，导致学术概念讲不清，吃不透，达不到教学效果。在教学方式上，教师或以讲授为主，或放任学生自读，不能充分调动学生的阅读兴趣，导致教学气氛沉闷。

（三）学生分析

学生接触学术类著作比较少，即使有也只是短篇的碎片阅读。他们基本没有进行过学术类著作的整本书阅读。在阅读《乡土中国》时，学生普遍反映读不进去，枯燥乏味，学术概念晦涩难懂。由于时代的变迁，现在的学生很难将文中的乡村生活和现实结合起来，他们无法感同身受，这加深了他们与作品的鸿沟。加之大部分学生又处于被动阅读的状态，对《乡土中国》整本书阅读很难展开。

二、教学设想

基于以上的学情分析，我认为教师不能像往常的阅读课那样采用"放羊式"方法任其自由阅读，也不能只做出零碎的阅读方法指导，而是应该构建整本书阅读教学体系，集中连贯地指导学生阅读。为此我设计了本单元整本书教学三种课型：

（一）文本导读课

共一课时，教学内容为介绍背景知识、教授阅读方法，结合目录梳理全书的大纲小目，把全书的主要观点进行归纳，做出全书的内容提要，安排初读计划。

（二）阅读推进课

教学内容根据课时分节安排，帮助学生识读书中的重要概念，学习作者论述的逻辑，品味本书语言特点，联系社会"动态化"地阅读书本等。相应的学生活动为分板块精读全书，圈点批注，撰写读书笔记，迁移阅读等。

（三）成果展示课

教学内容为布置探究任务、探究方法、总结评价学生探究成果。相应的学生活动为总结阅读《乡土中国》心得体会，撰写总结，展示探究成果。

本堂课为阅读推进课，精读《差序格局》这一章。费孝通最大的贡献，就是为中国社会学贡献了一个了不起的概念——差序格局。本章是全书精彩论述的开端，费孝通提出的"差序格局"概念是全书分析的基础，只有理解好这一章，才能更好地理解全书。作为一本社会学著作，费孝通到底为何要提出"差序格局"这样一个概念？这个概念的定义是什么？他是如何来下这个定义的？他又是如何来佐证他的观点的？这一系列问题是我们在阅读《差序格局》时避无可避的问题。为此我以理解文章核心概念"差序格局"为抓手，设计了以下活动：梳理文章内容，辨析比喻，读懂概念；迁徙拓展，体会差序格局在哲学层面的意义等。

三、教学目标

（一）结果性目标

（1）通过对文本的阅读，围绕核心概念，筛选信息，精准把握核心概念的含义。

（2）通过深度研读，探究语言背后隐藏的信息，明确本文核心概念在大纲小目中的作用。

（二）体验性目标

（1）诵读品味文章中"差序格局"的阐释细节，概括差序格局的含义，体会作者对我国社会制度、文化独特的研究，激发对中国乡村制度的理解与反思。

（2）精读对比，感受作品的语言美，体会文章中所论述的中国基层社会的面貌，了解以民间传统习俗为基础的社会管理模式，认识前现代中国社会国情，把握中国传统文化特质。

四、核心问题分析

快速阅读，准确筛选信息，深刻理解比喻的含义，是准确理解"差序格局"概念的基础。这是本课学习的一个重点。差序格局是一个概括度极高的抽象概念，作者在论述这个概念时用比喻论证的方法和对比论证的方法，并且大量列举事例，从历史甚至是哲学层面来论证这一制度的发展。差序格局深刻影响着我国社会的发展。因此，在本次教学中，我将本课的核心问题设计为：基于对差序格局这一核心概念的准确理解，探究其对中国社会发展的深刻影响，领悟中国传统文化的特质。

五、教学环节

教学环节	教师活动		学生活动	设计意图
提出问题	1. 创设情境。 2. 提出问题：基于对差序格局这一核心概念的准确理解，探究其对中国社会发展的深刻影响，领悟中国传统文化的特质		聆听、理解、明确任务	营造情境，抓住质疑，提出核心问题，明确本课重点
解决问题	布置任务引导评价总结	任务一：阅读文本，归纳各段大意，理清文本思路	阅读、筛选、整合信息、概括表达	通过梳理把握文章内容，明确本章论述的对象以及主要内容
		任务二：精读西洋社会格局与乡土社会格局的相关章节，抓住比喻句，理解"捆柴""水波纹"等喻体的本体所指，辨析"团体格局"与"差序格局"概念的不同，试着给"团体格局"和"差序格局"分别下一个定义	阅读、思考、理解、概括表达	通过对关键信息的提取，理解分析，准确把握核心概念"差序格局"的含义

续表

教学环节	教师活动		学生活动	设计意图
解决问题	布置任务引导评价总结	任务三：阅读文本后半部分，分析理解作者举杨朱、孔子、耶稣以及引用《论语》《大学》相关语段的用意	理解、表达、交流	让学生在理解的基础之上，进一步明确差序格局对中国社会的深刻影响
		任务四：结合你对《乡土中国》整本书的阅读，思考《差序格局》这一章在整本书中的作用	讨论、思考、表达	通过思考、讨论明确"差序格局"在大纲小目中的作用
反思提升	回顾文本，抓取书中关键概念，理解关键概念之间的逻辑关系，用图解的方式将其绘制成思维导图		领悟、书写、表达	引导学生将阅读所得固化，将自己的阅读理解所得转换成阅读成果
运用反馈	在英语学习中，我们会发现一个有趣的现象，即西方对亲戚的称谓比中国人的称谓要简单得多。我们称呼父亲的姐妹为姑姑，称呼母亲的姐妹为姨妈，而在英语中这两者都统称为 aunt。划分更细致的是父亲的兄弟，我们称呼父亲的哥哥为伯父，称呼父亲的弟弟为叔叔，而在英语中则统称为 uncle。 为什么东西方会存在这种明显的称呼上的差异呢？试用本章的知识解释原因		思考、理解、运用、分享	由筛选信息，准确理解概念，到理解运用，让学生在阅读中体会到"差序格局"这一独特的文化特质

六、作业

阅读《维系着私人的道德》《家族》《男女有别》这些章节，进一步体会差序格局的深远影响。

七、板书设计

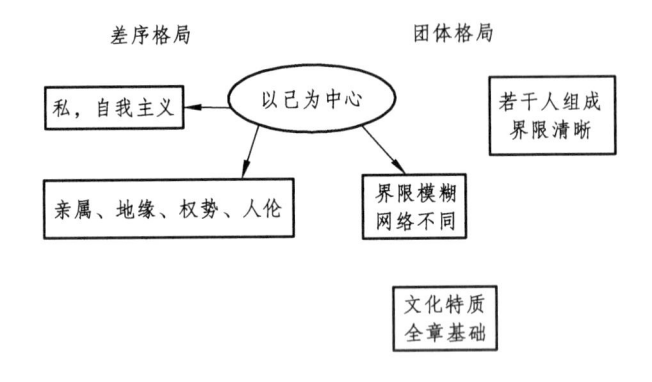

差序格局　　　　　团体格局

私，自我主义 ← 以己为中心　　若干人组成　界限清晰

以己为中心 →　亲属、地缘、权势、人伦

以己为中心 →　界限模糊　网络不同

文化特质　全章基础

《昆虫记》整本书阅读教学设计

四川省成都市武侯实验中学　钱微

《昆虫记》作为一部妙趣横生的科普作品，融合了细腻的自然观察与法式幽默，将19世纪法国南部的自然人文风情娓娓道来，并以大量翔实的第一手观察、试验资料，将纷繁复杂的昆虫世界真实生动地呈现出来。

《昆虫记》不仅体现了法布尔严谨的科学态度，还倾注了他全部的思想和情感，因此这部作品不仅是一部具有独到见解的科学论著，还是一部优秀的文学散文。

一、分析学情，制定目标

初二学生还没有系统学习过说明文单元，对说明文文本不具备一定阅读基础，只是暑假期间按照阅读要求通读了全书，对法布尔及各种昆虫有初步了解。他们在初一有过小组合作系统学习的经历，可以有序进行小组合作学习。对于《昆虫记》的阅读和知识较为零散，对其整体性的认识略欠缺，缺乏对整本书的深入思考。

基于以上学情，本节全书整体阅读设计为：

（1）了解各类昆虫的习性，激发同学们对自然的热爱之情。

（2）体会作者对生命的哲学思考以及对生命的尊重和热爱之情。

（3）通过整体阅读《昆虫记》，提高学生阅读科普文学作品的阅读能力。

二、课前导入、说说作者

（一）布置任务

课前搜集法布尔的资料，并整理在作业本上。

（二）具体实施

1. 展示文字，学生齐读

奇迹一：一个人耗费一生的光阴来观察、研究"虫子"。

奇迹二：这个人一生专为"虫子"写出十卷大部头的书。

奇迹三：而这些写"虫子"的书居然一版再版，先后被翻译成50多种文字，直到百年之后还在读书界一次又一次引起轰动。

2. 课堂上一人一句话说法布尔，接龙叙说作者生平事迹

【设计意图】：以作者的生平经历和成就，引起学生的好奇与钦慕，激发他们进一步学习的兴趣。课堂展示加深学生印象。

示例：法布尔出生于法国南省的穷乡僻壤，从小就过着极其穷困的生活。他在劳苦大众的怀抱中长大，因而深深地理解和同情劳苦大众。他以同情劳苦大众的心情，去同情渺小的昆虫。他怀着对渺小生命的尊重与热爱，去理解和描写它们，甚至歌颂它们。论文《节腹泥蜂习性观察记》发表后，文中纠正了昆虫学权威杜福尔的错误（阐明泥蜂对寄主的控制，并非使用了防腐剂，而是用它的毒素）。法布尔用其在40年的昆虫学研究生涯中所观察到的事实质疑达尔文的"生物进化论"，认为昆虫的本能是与生俱来的，它过去怎样，将来也是怎样。（《法布尔传》）

三、辨图识虫，评选"王者"

（一）布置任务

前期，暑假里学生通读了《昆虫记》，知道一些重要的昆虫的外形特点，并且完成了《昆虫记》的知识题库。

（二）具体实施

【设计意图】：检验同学们暑期的阅读成果和对昆虫的熟悉程度，通过游戏和奖励激发同学们对昆虫的喜爱之情。

教师出示21种昆虫图片

绿色蝈蝈	大孔雀蝶	红蚂蚁	黄蜂	切叶蜂	隧蜂	狼蛛
彩带圆网蛛	两种稀奇的蚱蜢	迷宫蛛	蜣螂	蝗虫的角色和发声器	螳螂捕食	天牛
松毛虫	豌豆象	萤火虫	圣甲虫	蟋蟀	老象虫	朗格多克的毒蝎子

学生抢答每一种昆虫的名称，答对者加分，答错者不扣分。最高分的同学被评选为"昆虫之王"。

四、我给昆虫找找朋友

（一）布置任务

课前了解昆虫习性，为上课做好准备。

（二）具体实施

【设计意图】：比较阅读昆虫的习性和爱好，深入了解书本内容，再次熟读和精读。对书中20多种昆虫重新进行组合、分类。不一定每一种分类都科学，但是在这一环节中大家付出了思考和努力，走进昆虫世界，把握昆虫特点，才是这项工作的最大价值所在。

老师依旧给出上面21种昆虫，并请所有同学凭记忆给这些昆虫找朋友。找朋友的依据是他们要有相同的习性或者共同的爱好。如果同学们记忆不太清楚的话，可以有五分钟的时间再来查阅《昆虫记》的相关记载，完善自己的答案，确定自己的选择。

展示的部分：学生要起来述说将哪些昆虫结为了好朋友，原因是什么。其他同学举手表决是否同意他的观点，如果学生同意人数超过一半，那么这位回答问题的同学将会获得奖励。如果超过一半的同学不同意，那么邀请不同意的同学说说原因。

举例：和平使者（两种珍稀蚱蜢中的恩不沙和萤火虫）；喜欢鸣叫（绿色蝈蝈、蝗虫）；凶猛残忍（螳螂、朗格多克的毒蝎子）。

五、划分小组，共同研读

（一）布置任务

搜集并拟定昆虫外号，并组织"昆虫外号知识竞赛"。

（二）具体实施

【设计意图】：引导同学们分组进行深入研究性学习，通过对《昆虫记》某一方面的深入研读与探究，深化对《昆虫记》整本书内容的理解，提高整本书阅读能力。

（1）全班 37 位同学，共分为四个学习小组。组员共同研读探究，完成研读任务。最后每个小组总结研读任务与探究结果，准备在全班进行展示交流。

（2）"拟外号"展示交流。搜集并拟定昆虫外号，并组织"昆虫外号知识竞赛"。例如：镰刀卫士——螳螂；美丽公主——大孔雀蛾；天才纺织家——蜘蛛；会唱歌的哲学家——蟋蟀。

六、赏析文本，体会特点

（一）布置任务

仔细阅读教师展示的文字，写下自己的探究结果，品味《昆虫记》的文字特点。

（二）具体实施

1. 比较下面两段描写昆虫的文字，比较其语言特点及效果

A. 产卵后，雌雄共同推拽粪土将卵包裹并转成丸状。（百度百科·蜣螂）

B. 夫妻双方以同样的高涨的热情,共同参与为儿子们准备面包的劳动,揉面团,运回家,入烤炉。样样都干。前爪上的小刀用力一划,一块大小正合适的粪食切下来,供他们加工用。这时候,做父亲的和做母亲的齐心协力,共同摆弄切下的小粪块,轻轻地拍打,加力按压,制作成大豌豆粒般的小丸。(《昆虫记·伟大的父亲西西斯》)

学生讨论,推荐代表展示交流。

老师点评,总结提升:百度百科是简洁的学术式语言,专业、客观,但也显得冰冷无感情,没有关心的意味,而法布尔运用了拟人手法及一系列准确的动词,把西西斯夫妇同心协力制作粪球的过程刻画得生动形象,我们能感受到生疏的昆虫学知识化成了生动活泼的画面:充满家的温暖,家人的关爱。

2. 赏析语段,感悟语言魅力

【设计意图】:通过文本的比较阅读,了解说明文和科普文之间语言的区别,感受文字的活泼生动。感受法布尔在文中寄寓的对于昆虫的关爱之情。

这些小蛛纷纷被漂浮的丝带到各个地方。原来背着一群孩子的荣耀的母蛛变成了孤老。一下子失去那么多孩子,它看来似乎并不悲痛。它更加精神焕发地到处觅食,因为这时候它背上再也没有厚厚的负担了,轻松了不少,反而显得年轻了。不久以后它就要做祖母,以后还要做曾祖母,因为一只狼蛛可以活上好几年呢。

学生讨论交流,推荐代表展示解说。

老师点评,总结提升:描写狼蛛的文字不但饱含深情还表达了对生命的思考,从描写狼蛛的这段文字中我们读出了一种生生不息的传承,随缘自适的洒脱,沉甸甸的责任,还有卸下责任后的释然。正是这无数个渺小的个体支撑着巨大的轮回,在巨大的轮回中,每个生命都值得尊重,值得关爱。

七、阅读小结——学生谈谈自己的收获

学完这节课,你有哪些收获?

学生讨论回答,老师点评并总结提升。

八、作业布置——迁移内化文字

【设计意图】：以读促写，鼓励学生以写作的形式升华《昆虫记》整本书阅读感悟，形成整本书阅读和研究性学习的完整流程。

请你任选生活中的一种动物，就一个方面，描绘一个情景。

要求：运用多重角度；以科学的态度去观察；以哲学的态度去关怀；以文学的语言去表达；150字左右。

下 篇

书香致远
思以成行

——整本书读后感

理论著作类读后感

路漫漫其修远兮，吾将上下而求索
——读《从文字走向心灵》有感

四川省成都市武侯高级中学　张翔

深夜里，在微黄的灯光下，我轻轻地翻开了易晓老师的书。一个个方正的楷体字不断地从我眼前飞过，思绪似乎也同易晓老师一样，想起了自己第一次上讲台的紧张与羞涩，想起了与同事们一起备课磨课的岁月，想起了那些在我成长道路上给予我指导的老教师们。易老师的心路历程，对于我来说，可以说是感同身受。

当我读到书中这样一句话："优秀的老师是越教越有激情的老师"时，深夜的我再也无法平静下来，心中波涛澎湃，万马奔腾。当我工作到第六个年头的时候，每天按时上班下班，备课讲课改作业，感觉岁月安好。可是我发现我的语文课堂却越来越安静，面对早已熟悉的讲课内容没有了当年的激情。一开始我以为这应该是做教师的正常感觉吧，每天的生活仍旧像是钟表上的指针。同年的六月，因一次难得的机会，回到大学校园的课堂。我悄悄地走进了一间阶梯教室，上课的正是当年教我的周教授，他正在给同学们示范《记梁任公先生的一次演讲》的教学，周教授就像梁任公先生一样，在讲台上手之舞之足之蹈之，激动之处也会涨红了脸，湿润了眼角。周教授用铿锵有力的声音讲出了先生的悲壮，讲出了先生的爱国爱民，讲出了先生的一腔热血。课堂上学生们聚精会神，踊跃地发表了自己的见解。下课后，学生们都起立鼓掌。坐在最后一排的我早已泪流满面，不仅是因为真正懂得了先生的"明知不可为而为之"的悲壮，更是因为真正感受到了执教30多年的周教授对文学始终如一的挚爱，对课堂如赤子般的激情。那天我想了很久，岁月静好，固然令人心驰神往，但是没有一点波澜的湖水，意味着的就是枯竭，我决心打破我的这一潭死水，让它开出真正的花。

从那以后，我将自己准备了多年的教案、讲课稿、演示文稿全部删除，一切都从头开始。我开始大量阅读童庆炳、钱理群、孙绍振、李泽厚、宗白华、朱光潜、蒋勋等人的文学理论和美学理论；阅读夸美纽斯、赫尔巴特、苏霍姆林斯基、魏书生、李镇西、于漪等人的教学理论；参加各种教研活动和新课改的赛课活动，我不放弃任何学习的机会。在这一过程中，正如易晓老师所说的那样，"没有执着的积淀和追求，我想我们永远无法企及"。在丰厚自己学养的过程中，自己的课堂也越来越热闹，越来越开放，越来越创新。自己感觉每天最期待的事情就是给学生们上课，和同学们一起交流、一起辩论。在执教 20 多年后的今天，经过了自己人生的蜕变，对于语文的教学的感受，真的可谓是"若夫水之积也不厚，则其负大舟也无力"。现在面对新时代的变革，语文的新课改正在蓬勃发展，未来的道路必定是艰辛的，即便如此，人到中年的我，对于语文的教学，语文的新课改，都会始终怀有"纵被无情弃，不能休"的决心和意志。

易晓老师在书中提到的"深度阅读"让我印象十分深刻，我们生活在一个网络时代，网络让我们的阅读发生了巨大的变化，阅读变得过分轻松、方便，浅层的浏览似乎开始代替专心致志、费点劲儿的思考。在这样一种快节奏、娱乐化的时代氛围里，当今的语文阅读教学问题也是日益突出。学生开始出现"浅思维""浅分析"，不能够对文学文本提出自己的一些真知灼见，盲目从众。再者就是，由于信息的发达，学生开始对文本的理解有偏差，甚至是作出了对文本的错误解读。这种现状，无论是对学生的阅读能力的提升，还是对祖国的语言文字和优秀的经典文化的传承都是不利的。一直以来，我最理想的生活便是和书籍为伴，选择书籍，就像海德格尔选择了黑森林，梭罗选择了瓦尔登湖畔。所以我在畅游书海的同时，也在不断地向海的深处探寻，去寻找那里的奇珍异宝。当看到当今的社会化阅读和语文的教学化阅读都逐渐呈现碎片化阅读，我内心感到无比焦急与痛心。面对这样的状况，我

下篇 书香致远 思以成行
——整本书读后感

有意识地来改变这样的困境，在方法上给予学生们指导，在课上和课下给同学们尽可能地补充文本资料，上课也放慢脚步，引导学生一步一步地精读文本，就像剥洋葱一样，把最好的、最精华的东西展示给学生。但是在这一过程中我发现，学生上课的时候，在老师的指导下，能够逐渐地深入阅读，但是当学生们自己进行深度阅读的时候，往往又会趋于一种表层阅读，学生们对文本的理解，常常停留在描写手法、修辞、主题内容、浅显的作者情感，这些东西远远达不到我们深度阅读的要求。如何培养学生们深度阅读的自觉意识？这一问题一直困扰着我。易晓老师提出的深度阅读的四个显性特征"厚、慢、精、我"引起了我极大的兴趣，并且给了我解决这一问题极大启示。

一是"厚"。关于厚，有两大要点。就单篇阅读文本而言，我们首先要善于开掘现有文本的丰厚内涵，发现文本的现代价值，加深对审美内涵、思想启迪等方面的深刻理解。比如在徐志摩的《再别康桥》一文中，我们不仅要发掘徐志摩对母校的留念与不舍，而且要从诗歌创作"三美"的艺术价值，感受到诗人一生对"爱、自由、美"的文化追求。而就多篇文本而言，最有启发意义的就是关联性阅读法和专题阅读法。专题阅读法可以加深阅读的广度和深度，从而实现更深层面上的阅读。而关联性阅读法，它是通过在不同的教学时段，关联作者、关联其他文章、关联其他人来逐步地引导学生由文及人，再由人及情。在教学过程中，我们其实都或多或少地都用到了这些方法，但问题就是我们用得不精、不准。我们在关联和拓展文本的时候，选取的材料没有明确的指向目标，要么是材料和文本的关联不大，要么是材料太宽泛，没有具体的关联点。又或者是，我们关联的文本材料不够，往往会导致"点到为止"，无法扩展延伸学生们的阅读思维。这样一些情况都会导致这一方法的失效。想要充分地发挥这些阅读方法，我想可能就只有我们老师们多加练习，不断地去磨合。易晓老师强调的"厚"，是想通过丰厚我们文本的相关资料，来达到对文本的价值、内涵、意义的丰厚，不是局限于补充资料的多与少。

二是"慢"。在易晓老师的论述中，我觉得有一个字，用得极为的绝妙，那就是"泡"字。在巴蜀文化中，我们常常会说"泡茶、泡茶馆"，那就是一整天或是一下午都待在茶馆的意思。我认为易晓老师提到的这个"泡"，不仅包含了"要把诗人由繁复的生活现象加以高度精炼的东西，还原到它原先的状态中去"，而且我们还应该像茶叶一样，泡在滚烫的沸水里，泡在灼热激扬的字眼里，泡在温柔恬淡的句子里，泡在质朴无华的情感里。慢慢地细读文本，给足学生的阅读时间，踏踏实实地回归文本。我们应该知道茶叶只有在沸水的浸泡中，才能释放出令人着迷的茶多酚，这样其香气才会沁人心脾。"泡"在文本中，一是为了慢慢地细读文本中，真正地做到回归文本。二是像泡茶叶一样，在泡过几道之后，浓茶又还原成了甘甜的白水，正如易晓老师所说"要把诗人由繁复的生活现象加以高度精炼的东西，还原到它原先的状态中去"。

三是"精"。易晓老师提出的是精研精思的阅读，这点我非常同意。这也是我一直对自己和学生的要求。在文本的阅读方面，始终事无巨细。这里不再赘述。

四是"我"。教育的根本目的是提升人，所以说真正的深度阅读，都应是一种回归性的阅读，最终指向不是阅读文本本身，而是阅读者自我。当我看到"我"这个字眼时，我是既陌生又熟悉。熟悉的是，无论是在书上，还是教学研究会上，还是某位知名教授的发言上，我们都会听到一些对老师们的"谆谆教诲"，在教学过程中一定要有自己独立的见解，不可以人云亦云。这些道理我们是懂得的，而且都在积极努力地做。但对于我来说呢，又是陌生的。说实话，在这一点上，我虽然一直在努力地去做，但是却做得不是很好，还有很多有欠缺的地方。且不说在阅读文本时探究出自己独到的观点这一艰辛与困难的过程，单就论如何得出自己的见解、文本的切入点在哪里、如何看待有些专家提出的一些比较新奇的观点，这些问题也都会困扰着我。在我常年的教学当中，我不可避免地接触到各种教参、论文等资料上的一些观点，我发现这些观点或多或少地会影响到自己对文章的理解。我想如果我自己都做不好，又怎么去要求自己的学生去做呢？正如易晓老师所说："深度阅读一定是彰显'我'的阅读。有'我'的体验，有'我'的思考，有'我'在对文本真实感受、理性分析后的意义创生和发现，才使每一部经典文学作品都焕发生机，具有无限的逻辑和意义的开掘可能。"看了这一段话之后，我更加坚信了在深度阅读过程中自我认知的重要性，而且也坚信自己一定会突破这一瓶颈，走进自我的内心，去叩问自己内心最真实的回答。希望我们每一位阅读者，都是一个独立的感受者、鉴赏者、发现者、创造者。

易晓老师的这本《从文字走向心灵》，给了我很大的启发，读完之后意犹未尽。除了启发，我想更多的就是思考了。一个优秀的老师是不断行走的老师，不断学习和思考的老师，只有这样我们才有资格长久地站立在讲台上。以上感想虽然没有华美的辞藻，但句句都是自己的肺腑之言。

让教育行为充满智慧
——读《教学机智——教育智慧的意蕴》有感

四川省成都市武侯高级中学　张翔

一个优秀的教育者是如何造就的呢？带着这样的疑惑，我在暑假阅读了加拿大作者马克思·范梅南所著的《教学机智——教育智慧的意蕴》一书。全书一共八个章节，包括迈向智慧教与学、教育学的概念、教育的时机、教育的性质、教育学的实践、机智的性质、教育机智、机智与教学。

现代的孩子出生在一个能在有限的范围内体验生活的各种可能性的社会中，所以对于所有孩子来说都存在教育的各种可能性。我们的教师正在与一群有着多元化背景和有着不同经历的孩子生活在一起，履行着"替代父母"的职责。但是同时，现代社会环境无法保障学校和教师将自己责任和家长责任的边界线划分得很清晰，我们往往觉得责任无限扩大。书中也提到了最基本的教育学经验："保护和教导年轻一代如何生活，学会为自己、为他人和为世界的延续与幸福承担责任这一神圣的人类职责。"

要想成为机智的教师就要不断实践与反思。书中提到，良好的教师要具有"职业使命感。对儿童的喜爱和关心，高度的责任感，道义上的直觉能力，自我批评的开放性，智慧的成熟性，对儿童主体性的机智的敏感性，阐释的智力，对儿童需求的教育学的理解力，与儿童相处时处理突发事件的果断性，探求世界奥秘的激情，坚定的道德观，对世界某种洞察力，面对危机时刻乐观向上，最后，幽默和朝气蓬勃也很重要"。教育者不仅要进行劝导、说教，还要不断实践，并在实践中进行反思、总结、提炼。

要想成为机智的教师就要找准教育的时机。教育时机蕴藏在每天的教育活动中、教育实践的场所中。无论在课堂上发生的教育教学行为，还是在课下、家庭中发生的言行，都可能成为教育的良好时机，作为教育工作者要辨认这些言行，站在更广阔的生活历史背景中理解孩子的学习和发展。教育工作者应该站在关爱孩子的角度。爱和关心是教育的条件，教育的目的不是为了控制孩子，而是因为学生的生活既需要自由也需要秩序。

要想成为机智的教师就要学会保护学生的个性。在遇到学生问题的时候，良好的表现和处理方式才是最能体现教育工作者机智的地方。所以遇到问题时，教育工作者要表现出克制，也就是忍耐，能够沉着平静地等待。我们对孩子的成长与学习都有很多期望，但当期望未达成的时候，我们应该学会克制自己，正如书中所谈及的，要知道"何时克制自己，何时忽略什么事，何时该等待，何时不该注意某件事，何时后退几步，而不去干预、干扰、打断别人的工作，大人对这些机智的领会对孩子的发展来说是十分珍贵的礼物"。当我们学会了克制，其实也就是对孩子的心灵有了更加充分的体验，更加尊重孩子的主体性，保留了孩子成长的空间，保护了孩子身上某种可能比较脆弱的东西。现在一些学校和教师提出让学生"个性化"地成长，但他们没有认真地去思考如何全面实现个性化，其实在教育工作中，机智的教育工作者就是要学会去保护、理解、引导学生的个性发展、个性情绪、个性体验。

在教育道路上没有捷径，只有更加恰当的时机和方法而已。想要成为优秀的教育者，让教育充满机智，我们就应该在教育情境中抓住教育时机，不断进行教学实践与教学反思，使得教育获得更好的效果。

为学做事，应熟读精思
——读《文本解读与阅读教学讲谈》有感

四川省成都市武侯高级中学　杨专

我是罗晓晖老师的"铁粉"，购买了他的所有书籍。但由于自身懒惰和功利心态，书一直没有从头到尾完整看过。需要讲文言文了，就去翻翻文言文讲解部分，需要讲解诗歌了，就去翻翻诗歌讲解部分。且囫囵吞枣，只看可以马上利用的部分，基本是功利化阅读和利用。故书虽好，却一直没有得到有效利用。因为新学期面临新课改，才利用暑假学习培训机会把购买的所有教学类书籍从头到尾认真读了一遍，真是越读越惭愧，越读越汗颜，越读越痛恨自己荒废岁月、不认真教学的行为。

教学20年了，因为教学成绩一直还不错，故我很少反思自己教学是否存在问题，偶尔有学生提及，我也是很武断地说"听我的没问题"。除了刚开始工作那几年，我基本很少花时间去看教学类书籍，我一直认为这类书籍都是老生常谈，从心里拒绝接受别人的理念，故步自封，故难以在教学上有新起色新发展。在看罗老师书的过程中，我发现自己只是一个教书匠，缺少了语文教师应有的情怀。

《文本解读与阅读教学讲谈》这本书包含文本总述以及散文、小说、诗歌、文言文的解读与教学，每一类别都分为解读、案例和对谈三部分。理论和实践相结合，体现了作者从一线教师成长为专家的务实精神。我就这本书谈谈我读时的感悟。

一、教师要培养自主解读文本的能力

我备课不是十分精细，其本质是没有独立思考的习惯。一般只要备课，就是阅读两三遍文章，然后看看教学参考的解读和建议，网上查查别人的优

秀教案或分析，适当做做调整和补充就好了。我很少去仔细研读文本，尤其是不借助任何资料的研读，很少去思考某些地方的解读是否合理，很少提出自己的质疑，这导致我独立解读文本的能力较弱。

　　罗老师主张教师要素读，即直接面对文本，摆脱一切参考资料，因为只有这样的阅读才是最真实的阅读，才可能具有真切的审美感受和独立的价值判断。而且还要将这样的阅读方法和文本解读方法教给学生，因为学生考场面临的就是素读。而素读最关键的是什么？是分析能力，即通过对文章语言文字的分析去解读文本中的情感、态度和价值观。他举的其中一个例子很有启发性，《沁园春·长沙》最后一句"曾记否，到中流击水，浪遏飞舟？"教参的解读是表现了伟人的气魄，含蓄地回答了上阕"谁主沉浮"的提问。他提出了好几种对这个答案的质疑都十分有道理，其中有个是质疑是：下阕真的是用过去"同学少年"时的经历来解答此时的困惑吗？面对这样的反问，我试着分析和思考，毛泽东很少沉溺于过去的成就，更多是展望未来，看到"万类霜天竞自由"的勃勃生机，只会让他更有生命的激情，更有革命的斗志。万类霜天是自己在"竞"自己在"争"，它们在做自己的主人，所以它们是自由的，是充满了生命力的，它们活出了自己本来的模样。那作为具有自我意识的人，难道不更应该懂得这个道理？他下阕的追忆，其实是用"少年同学"的意气风发，蔑视权贵的表现来表达人应该具备的一种生活姿态：人要做自己的主人，只有自己才能主宰自己的命运。

　　在这里他还举了《鸿门宴》人物分析的一个例子，也很有意思。他说他听过很多老师大批项羽缺乏远见，优柔寡断，他连续反问了几句：试问鸿门宴上的刘邦就有远见吗？他就知道自己以后能打败项羽建立新的王朝吗？教参上说项羽缺乏远见，你就说项羽缺乏远见，你的独立思考和专业精神到哪去了？尤其是最后一个反问，让我实在汗颜，感觉罗老师就在面前批评我，让我无地自容。因为我确是这样去分析项羽形象的，而且还回到课文从项羽的言行头头是道地进行了自我感觉还不错的分析。我没有去思考过罗老师说的这些问题，应该说，是我懒惰的思想让自己自动认可了权威的解读。我读到这里的时候，专门放下书籍，重新去阅读了《鸿门宴》，重新去分析项羽的言行背后的心理

下篇　书香致远　思以成行
——整本书读后感

活动，他当时拥兵 40 万，是绝对的实力领袖。面对弱小的刘邦，他确实没有必要赶尽杀绝，给自己留下不仁义的形象，所以他接受了刘邦的登门道歉。刘邦谦恭，主动让出了在咸阳的所得利益，项羽得到了自己想要的，他不会再杀刘邦，所以他才会对范增的示意视而不见。他并不是优柔寡断，妇人之仁，在鸿门宴上的他恰好是很有主见，很有判断力的一个人。以前分析范增，觉得他很有远见，现在再看看鸿门宴上的范增反而更冒失更冲动。分析人物形象不能脱离那个时代背景，不能用现代眼光去分析古人。而我恰好经常犯这样的错误，比如分析祥林嫂，比如分析杜十娘，之后要引以为戒。

二、对文本的解读一定要落实到文本本身，注重逻辑性

罗老师在书中说："对臆断保持警惕。"读懂语句和语篇的前提是要从文本中准确提取语义信息，这也是文本解读最基础的方法，不能凭感觉断章取义，从而导致对文本误读。

关于这一点，他重点分析了《愚公移山》主旨的解读思路。这是一篇让我印象特别深刻的分析，除了罗老师本身独到的见解，更多是他对文本深入细致地研读的精神让人感动。他的提问一环扣一环，分析一步深一步，让读者不自觉进入了思考的空间。我梳理了一下整篇文章，整理出罗老师提问的逻辑顺序。第一：寓言的特征是什么？第二："愚公移山"哪个字最关键？第三：是谁移走了山？第四：全文的哪个词能概括中心？第五：这篇文章讲了一个什么道理？第六：智叟这个人物的设置起什么作用？第七：课后习题是否有价值？

针对这些提问，罗老师也一一做了分析，第一：寓言是用比喻性的故事来寄托意味深长的道理，所以不能用写实的眼光去分析文本。第二："愚公移山"最关键的词是"愚"而不是"移"，只有"愚"才可能想到移山而不是搬家，他能想到搬家甚至去搬家那他就是"智叟"了。第三：不是愚公移走了山，是神仙搬走了山，这又一次回答了第二个问题。第四："诚"最能概括中心，天帝是"感其诚"从而命令两个神仙来移山。第五：这篇文章讲了这样一个道理：心诚则灵。人光靠自身的努力只能解决一些世俗小事，却无法解决终极性的大问题，只有"诚"即心无杂念，保持初心，才可能有真正的信仰，才能"直达

上天"。第六：智叟这个人物一是强调愚公移山的决心，二是建立"愚"和"诚"的联系，才更能说明愚公的"愚"即愚诚，一心一意。第七：课后习题一定要有价值，不能设置一些无用题或者脱离文本本身的臆测题。罗老师通过这些富有逻辑性的问题，将一篇简单的文言文上升到了哲学的高度，挖掘出了这篇文章更深更高的内涵，充分体现了一个语文老师的素养。

罗老师在分析文本的时候，还比较喜欢用比较法。他认为把文章里比较的内容作一个系统的梳理和分析，教学就有了主题，有了整体感。比如《从百草园到三味书屋》，有"百草园"和"三味书屋"的比较，有"百草园"过去是"乐园"和现在是"荒园"的比较，有先生和"我们"读书内容和状态的比较，有同学先前喜欢"我"的临摹画和现在变得世俗现实的比较……当罗老师一个一个进行比较后，全文的沧桑感、落寞感就透过字里行间浸透到了读者心里，"人生就是一个逐渐被世俗化的过程"这样深刻的主题就得到了呈现。

这里重点谈论一下罗老师用比较法对《爱莲说》深刻内涵的分析。这篇文章我之前一直认为很浅显，"莲出淤泥而不染"这句话很明显，不就是赞美"即使处于污浊世界也依然能洁身自好的那些高洁人士"吗？但罗老师问了两个问题：1.写"牡丹"和"菊"的作用是什么？为什么不直接写"莲"？ 2."牡丹"和"菊"分别象征什么？他分析说，牡丹是世俗富贵的象征，问题是"入世太深"；"菊"是隐逸高洁的象征，问题是"出世太远"，而"莲"处于它们中间，它拥有高洁脱俗的品质又能立足世俗世界，它身上拥有的是儒家的"中庸之道"。我读到这段分析的时候特别惊诧，没想到我们认为很浅显的文章原来蕴含了这么丰富的内涵，罗老师对文本的研读是如此的细致深入。反思自己，研读文本何时这样细致深入过。作为语文老师，我缺少了许多的基本素养。

三、教学要注重文体特征但不能拘泥于文体特征

我教学方法比较陈旧，也比较传统单一，会比较严格地按照文体特征去分析文章，会用介绍标题、介绍作者及背景（知人论世）、分析文本这样常规的教学方法。这样的教学保险又功利，学生容易套用，分数也比较容易提高。语文在我们手里彻底沦落成了工具，它失去了它最应该拥有的那部分价值：

文化的、哲学的、人文的……

当我们用同一个模子去衡量所有的事物时，事物就千篇一律了，它不再独特，不再美，失去了它自身的价值。如果我们只把《香菱写诗》当成小说去教学，就错失了一场诗歌品鉴盛会；如果我们只把《咬文嚼字》当成文学评论去教学，就错失了对文段"咬文嚼字"的机会；如果我们只把《咏雪》当成文言文去教学，就错失了对中国传统中那只可意会不可言说的人情世故的领悟……如果我们就这样套模板去教学，许多文本的丰富教学价值就被浪费了。

就小说而言，构筑主要在细节上。罗老师认为，在教学中，精准的细节分析，往往比大而不当地分析"三要素"来得重要。"三要素"并不决定小说的艺术特征和艺术价值。如果每篇小说都机械套用"三要素"模式，就难以解释各篇小说各自的艺术个性。比如，我们常认为人物是核心要素，但有很多小说却不是这样。如《孔乙己》《药》本质上是社会批判小说，或者说是以表现社会环境为核心意图的小说。这两篇文章里的人物并不聚焦，所谓的次要人物共同构成了一个世界——封闭的落后的看客世界，而所谓的主要人物——华老栓、夏瑜、孔乙己——基本上也没有多少具体的形象可感，他们仅仅是牵出这个故事发展的道具而已。再比如，有些小说的核心人物并不只有一个，如果只按照一个去分析，小说主题可能就会失之偏颇。如《故乡》其实是通过"闰土""杨二嫂"两个人物命运的变化展现"故乡的变迁"这样的主题。

再比如诗歌教学，罗老师认为，要尊重文本事实，慎用知人论世。一则是因为我们有时并不知道或者不甚了解某些古诗作者。作者和时代背景都只是外围信息，不能构成文本理解的主体。我们解读诗歌还是要回到文本，从文本的意象、逻辑关系入手去进行分析，这样才能真正理解诗歌本身。二则是我们容易给作品贴标签。比如看到描写战争的诗歌就想当然地认为是厌恶战争，看到送别诗就认为是表达离别的忧伤。

罗老师在文中多次提到《台阶》这篇小说。初中教材将它归在以"爱"为主题的单元里，按照文体特征分析，这篇小说就该按照环境、情节、人物三要素去分析；如果按照单元主题去分析，就应该是一个父亲用自己的坚忍与谦卑来表达了对家庭的爱，让后辈从中学到父辈们生存的智慧、憨厚和勤劳。但罗老师首先认为这篇文章不能归入"爱"的主题范围内,其次不能单纯按照小说去分析。重点抓文中的这些句子:"父亲总觉得我们家的台阶低""我们家的台阶低""父亲也从没觉得自己有地位""无奈,他的背是驼惯了的,胸无法挺得高",我们可能能挖掘出更深沉的内涵:因为卑微,所以追求自尊;但深入骨髓的卑微感,已然使得他们不可能摆脱卑微而享有尊严——这种矛盾或悖论所展现出的人生悲剧,乃是此文本主题之所在。

四、要做一个有情怀的语文人,脚踏实地、熟读精思

其实,我之前也断断续续地接触了许多教学类书籍,之所以后来拒绝再看,主要有些是理论多于实践,看后不知从何下手;有些是案例多于理论,看了只能是学到一些实际的操作,却缺少了理论的高度。罗老师在本书"后记"部分中说道:"这本书不是来凑热闹的,我希望能贡献出真正有建设性的、有益于语文教学的看法。"罗老师的这本书理论和实践相得益彰,让我收获颇多。

读罗老师所有的著作时能明显感受到罗老师分析文本细致深入,教学方法灵活多变,挖掘的文本价值能增加人生智慧。在他身上,我看到了作为一个语文教师的踏实,作为一个教师的良心,作为一个导师的真诚。读完他的书,我学到的不仅仅是教学的方法,更多是做学问做人的基本态度:要勤学,要深思;要精思,要慎取;要灵活,要独立。

俯仰终宇宙,不乐复何如
——读《方法与案例:语文经典篇目文本解读》有感

四川省成都市武侯高级中学　罗晓彤

从教以来,我从《听王荣生教授评课》《语文教学内容重构》知道教什么比怎么教更为重要,而教什么也更考验老师的个人素养。如何解读文本和

下篇　书香致远　思以成行
——整本书读后感

选取恰当的教学内容，是我一直困惑的问题，我一直在寻找答案。后来我读到了孙绍振教授的一系列书目《名作细读——微观分析个案研究》《月迷津渡：古典诗词个案微观分析》《审美阅读十五讲》等，我如获至宝，孙教授带领我走进文本内部结构，探索深层的、艺术的奥秘，虽然孙教授的文本分析中贯穿着宏观理论，还有还原法和比较法，然而当我独立分析文本时，依然无从下手。我渴望能够有一本书不仅仅是案例分析，还能够让我知其然并知其所以然，能够有案例分析并有精准的、可操作、可迁移的方法。

我一直在寻找。直到遇到了罗晓晖老师的《方法与案例——语文经典篇目文本解读》，我才豁然开朗。

此书有系统性，体例完整。分为三部分，第一部分追根溯源，对文本解读进行了基本介绍；第二部分介绍文本解读的基本方法；第三部分是鲜活的案例，对初高中的语文经典篇目进行了精确生动的解读。一般的文本解读书目多是案例分析，主要靠学者的个人造诣或个人观点，而普通读者难以跟随学习。而这本书追根溯源，从文本解读的基本认识入手，精准切入了文本解读的本质。"文本解读，是为了达成对文本的准确理解，阅读者有可能在其中得到经验的增长、观念的洗礼和审美的熏陶，但这些都不是文本解读的主要目标。"本书并没有用西方文论或者古典文论来装点门面，而是科学严谨地构建了自身完整的理论体系，不至于偏离文本解读之路。

方法指导性强。此书并没有故作高深，而是提供了朴素得不能再朴素的方法。"文本结构的把握，整体意义（主旨）的理解，都建立在对意义单元和每个语义片段的理解的基础之上。所以，无论多么复杂的文本分析，对每一个语句、每一个细节的分析理解，都应当是第一步。第二步把同类项加以整合，再进行进一步的观察；通过对意义单元的结构关系的整合，就能对文本的整体意义作出合理的解释。"这个方法每个人可能基本都略知一二，即首先分析每句话的意思然后加以整合。书中同时详细介绍了七种文本解读的基本方法，从"语义识别"到"向文本提问"，并进行详细的方法运用举例，这比单纯的方法介绍和单纯的案例分析更加具有指导性。当我运用这些方法分析时，我才发现这些方法不是真的简单和朴素，而是"大道至简，衍化至繁"。对于很多文本解读中出现的问题，本书一针见血指出，"很多时候，文本解读出现失误，就在于为了证明自己的主观想法或感想，脱离文本事实，凭空增加意思扣在文本之上"。也就是要严格忠于文本信息，不能主观臆断，不能只根据让自己印象深刻的一点大谈特谈，这会导致一叶障目不见泰山。本书强调："任何合理的解读都必须能够全面地，符合逻辑地阐释文本，不得与文本内在的逻辑脱离。"也就是文本解读必须尊重文本内部的语义响应与逻辑性。

分析、综合、评价是最重要的思维品质，也是语文课堂急需培养的品质，然而当今语文课堂的无序与随意性随处可见，语文老师缺乏逻辑与理性，以其昏昏使人昭昭。为此罗老师痛心疾首。如果语文课堂不能提高思维的密度与强度，仅仅通过学习方式的转变，企图以"自主、合作、探究"的学习方式来提高语文教学效益，是不可能的。如何提高思维的密度与强度，如何提高语文教学的深度、厚度和高度，本书给出了一个完美的答案，这本书处处折射着理性与思辨的光芒。它指出一个基本事实：文本具有客观性。"文本是沉默的，它不会发声与辩驳，所以文本解读是读者对文本意义的发现"，罗兰·巴特在《作者已死》中说过文本概念的诞生宣告了作者的死亡，是语言而不是作者在说话。书中更进一步指出文本解读不是解读作者，而是解读文本。这对当前语文课堂流行的背景分析和作者分析是当头一棒。然而"作者已死"是否意味着完全不需要作者呢，罗老师并没有像有些学者一样走入极端，而是更为精辟地指出：解读文本无需刻意排挤作者，正如无须刻意迎请作者一样。一切都要看文本内客观存在着怎样的内容。像这样严密的逻辑分析在书中比比皆是。

读此书，像孩子遇见自己喜欢的食物一般，大快朵颐；然而又小心翼翼，害怕囫囵吞下，所剩无几。越品越深的时候才明白，此书内涵不竭，它是源头活水。

罗老师曾经指出，正确的方向比勤奋的努力更为重要，方向错误了越努力只会越来越偏离正确的道路。这一本书不仅指明了正确的努力方向，而且系统地教会我如何正确地勤奋钻研文本，真正事半功倍。它科学的理论，系统、可操作的方法，鲜活的案例分析，都让我发现原来理性还可以如此有趣，原来文本解读还可以如此简单。俯仰终宇宙，不乐复何如？这本书不仅仅对学者、语文教师、学生有益，一般的读者也会受益匪浅，如果你追求理性，追求真正的阅读，追求生命的深度、厚度和高度，它将带给你满架蔷薇一院香。

"双新""双减"背景下高中语文作业设计的思考
——读《重构作业——课程视域下的单元作业》有感

四川省成都市武侯高级中学　聂洪

在《重构作业——课程视域下的单元作业》的绪论中一开始就明确提出了作业与学生发展的关系，作业是推动教学进程、评价教学质量，乃至衡量"课改""教改"成效的重要尺度之一，也是体现教师专业能力和评价学生核心素养的重要标志。在"双新""双减"的教育大背景下，在高中语文教学实践中，既要落实"双新"的课程理念，又要在"双减"的促进和推动下，高效、高质量地完成教学，这是对每一个高中语文教学者提出的挑战。

王月芬教授在书中提出课程视域下的作业设计，更加强调的是一种科学的作业设计范式，是对作业的结构性改革，而非颠覆性改革。强调的是"单元视域""目标导向""系统设计"和"诊断改进"。结合新课程新教材以核心素养为本，新课程强调对学生的培养既要关注知识技能的外显功能，更要重视课程的隐性价值；新教材则重视学生的语文实践，以学习任务群的方式展开学习，以期在语文的真实情境学习中，逐渐实现学生语文素养的综合和内化，从而培养学生适应现代社会需要的核心素养能力。在高中语文教学中，"双新"的理念为我们的教学带来了理论和实践的引领，"双减"的推行让我们对不得不面对高考应试的高中语文教学进行思考,在新的变革之下，如何既能实现新课程标准对核心素养培养的目标，又能减轻应试带来的繁重的学习压力，实现素质与能力的"双收"？本书认为，作业是推动教学进程，评价教学质量，乃至衡量课改教改成效的重要尺度之一，也是体现教师专业能力和评价学生核心素养形成的重要标志。因此，践行"双新""双减"从作业设计开始探索，未尝不是一条新的路径。

基于王教授对作业的结构性改革，我对当前高中语文作文的现状进行分析，发现目前存在以下几点问题：

作业形式单一化。 在高考应试的压力下，在其他高考学科的"围攻"下，语文作业在众多学科作业中想要获得学生的关注，并非易事。为"占领"阵地，大部分语文作业都采用现有教辅资料、练习册上的配套练习，以便于对学生书面作业进行量化考核。而这些作业的训练也仅限于应试知识的简单重复。至于无从量化考核的非书面作业，即使布置也形同虚设。大量单调、枯燥的题海训练，在面对能力和素养要求越来越高的语文应试时，显得越来越低效。时间的付出与收获不成正比，也会导致学生对语文学科学习的兴趣和信心逐渐丧失。高中语文作业的单一性，导致对学生能力培养的单一性，也不能充分彰显出兼具人文性与工具性学科应有的学科本色与特色，更无从落实对核心素养能力的培养。

作业安排的碎片化。 在对作业的安排布置上，多跟随单元课文逐课练习，或者以高考专题复习为练习框架进行训练。作业内容与作业量的安排呈现出碎片化的特点，缺乏系统性与整合性。例如对于写作的训练，根据教材中一个单元配置的一个写作单元，我们的作文训练也就囿于教学和教参的范围，或者是仅针对考试作文的训练，极少有系统性的、承续性的作文作业训练。零星、碎片化的训练，对于对语文能力要求很高的写作来说显然是杯水车薪。面对当下真实情境的写作，学生显然没有足够能力来打开写作的局面。

作业完成的被动性。 大部分学生完成语文作业都存在抄答案的现象，一方面是由于学科作业的集体挤压导致的，另一方面，学生也没有兴趣和能力来完成作业，最终就只能以"抄"这种被动形式来完成。当然，对于答案的订正与完善是必不可少的，但是从完成到订正都是被动的，这样的作业，做与不做也没有什么区别。

作业评价的低效性。对作业的评价是对学习质量的分析，也是对学习方向的指导，对作业问题的记录跟踪，是对作业设计修订的重要参考。作业设计从目标到内容，从批改到讲评，从分析到修订都是环环相扣的一个系统整体，在目标的单一、安排的碎片和完成的被动下，评价的高效是不可能。所以，这样的作业无异于走进了恶性循环的死胡同。

从当下高中语文作业的现状出发，结合王教授提出的单元作业具有一定的系统性、关联性、综合性、递进性和相对独立性，我们认为，在"双新""双减"背景下，高中语文作业当呈现出与新课程要求相匹配的"任务群""大单元"作业特点。

作业的系统性。"任务群""大单元"的新课程内容对学习和作业的要求都呈现出系统性。不同于单篇教学与单个知识点的学习与训练，一个任务群下有多个子任务单，这些子任务单从共时性与历时性两方面呈现出学段的系统性，例如整本书阅读和汉字、汉语与中华文化等学习任务，就需要在高中学习的不同阶段，呈现出承继性，而与之匹配的作业也应当呈现出序列化和系统化特点。群文阅读的专题学习，则需要更多维度的子单元专题解构，而作业也应具有与之匹配的单元性和课时性。

作业的跨界性。"任务群""大单元"的学习任务是整合式、跨越式学习的综合呈现。在教学内容与方式剧烈变革的当下，语文学科的学习与语文能力的构建，越来越多地与多领域、多学科产生碰撞、兼容，呈现出跨界性。不仅有作业内容的跨界，也有作业形式的跨界；不仅有跨学科、跨媒介甚至还有跨文化的呈现。要适应当下社会的高速发展，培养与之相匹配的综合性的素养和能力，跨界性不容忽视。

作业的活动性。"任务群""大单元"的学习任务，越来越重视学生学习的参与性、体验性和探究性。在培养语文能力和素养的学习中，语文作业的活动性已成为必然的趋势。传统的作业远远不能满足对能力和素养的培养要求，活动性的作业是强化学习的实践性，让学生在真实的语文学习情境中完成能力与素养提升的重要途径。学生通过活动形成学语文、用语文的自觉意识，并利用周围资源与环境学习，充分体现活动即学习，在真实情境中学习。通过阅读活动、表达活动、交流活动、梳理活动、探究活动等语文实践，助力语文能力的提升，并在完成活动作业中逐步达成情感、态度和价值观的综合发展。

综合以上的分析，我们首先可以尝试实施"微专题项目式作业"。学习任务群下的教学，教学目标更加细化，可以将学习任务确定在切口小、研究精、思考深的探究性和实践性学习中。因此作业设计可以以微专题、项目式的方式呈现。落实到具体的单元中，从专题性学习的阅读性、实践性、写作性上聚焦教学任务，落实精细学习，但同时又不可忽略教学的系统性和承继性，每一个专题的子任务都是为大单元的任务服务的。例如高中语文部编教材必修上册第二单元为"实用性阅读与交流"任务群，通过该任务群的学习，丰富学生生活和情感经历，提高其阅读与表达交流的水平，增强其适应社会、服务社会的能力，并引导学生深入观察、体验劳动，深入理解当代文化下劳动的意义，以小型通讯、报告文学等方式，记录身边最美的劳动者。在作业的设计上，可以针对专题连读文本，展开多个微专题作业活动。例如，针对连读文本《喜看稻菽千重浪——记首届最高科技奖获得者袁隆平》《心有一团火，温暖众人心》《"探界者"钟扬》，可以设计提取以典型人物形象、突出人物细节为主题的微专题作业；围绕事件制作表格或思维导图的微专题作业；研究实用性阅读如何塑造人物的微专题作业；拓展类文阅读，为人物制作塑像、画像等的微专题作业；比较通讯结构的特点，寻找新闻评价角度和观点的微专题作业；选择身边的劳动者，描写劳动场景，为劳动者撰写小型通讯的微专题作业；新闻人物辩论赛、新闻人物展板展出等微专题作业。这些作业都是在子任务单下的或探究、或书面、或活动的项目式作业。

其次，我们还可以尝试"情境实践性作业"。这种作业是从核心素养的培养出发，以参与性、体验性、探究性为主的情境实践性作业，它既增强了课程内容与学生成长的联系，又通过开放式的学习，引导学生积极参与社会文化生活。活动性作业与书面学习相结合，充分调动学生学习的主动性，从而提高学习的效率。在"双减"的指导下，作业量的减少是必须的，而减量不减质，激发学生学习的兴趣和维持学习的持久性，情境性实践作业将成为作业的最主要形式。聚焦真实情境的学习，需要有真实情境的作业。例如高中语文部编版教材必修上册第二单元以劳动为主题，引导学生观察、体验劳动，可以设计采访你身边的劳动者，志愿者劳动日参与社区服务，家务能手支妙招等实践性活动，既让学生参与劳动、体验劳动，又真实地感受到劳动对精神的陶冶，还能提高应对社会实践中遇到的问题的能力。学生可以将调查访问、体验感受与书面学习相结合，对实践的现状调查与比较研究相结合，形成项目调查分析与研究，甚至可以将成果带入到下一次的活动中，不断修订，最终完成项目系统任务。为强化单元核心任务，还可以举行新闻推荐会，介绍新闻，推荐评论，开展致敬劳动者的演讲、劳动者采访、记录讲述劳动者等活动，多维度实现任务目标。

对于情境性和实践性不强的整本书阅读，作业设计则不可一蹴而就，应体现出在不同时段的贯穿性，强化合作交流，体现真实学习。例如作业设计可分为：第一阶段提炼章节核心概念，第二阶段对作家作品的相关资料进行搜集，形成文字概述；第三阶段选定章节，确定主题，小组交流。还可以针对研究主题制作展板，联动学生探究与合作能力；第四阶段为图文展示交流评估，成果呈现，将展板解说、解释设计意图、阅读体会，设计辩论赛辩题，出版诗集，甚至推介、销售书籍等情境性和实践性设计融入其中，实现学生语文综合运用素养和能力的提升。

最后，还有"整合创新型作业"。大单元，任务群的学习内容呈现出跨文化、跨知识、跨学科、跨媒介等新特点，而学生的学习则呈现出学习自主化、合作化、个性化、创造性的特点，培养学生高阶认知策略以及综合运用多种知识解决问题的能力，就需要让其有跨界能力。例如在必修上册的"古诗词诵读"专题学习中，将单元任务设置为为班级制作一个诗歌公众号。将单元任务分成公众号选题策划、公众号内容撰写、公众号推介等子任务。完成公众号策划任务的同学，需要去了解公众号的产生过程，统筹人手的安排，落实具体的完成细节。完成公众号内容撰写任务的同学，可以从挑选诗歌，编选诗集，为诗集取标题，说明编排标准，为诗歌辑录撰写卷首语，为诗歌写评价赏析等方面去完成任务。最后，完成公众号推介任务的同学，则需要对公众号进行包装设计，完成新闻稿件的写作，融入科技元素进行推广。在这样的联动任务中，学生参与生活实践，研究诗词，编辑文稿，写作新闻，策划活动等，其关键能力提到培养，其核心素养得以提升。在这种破除学科壁垒的作业完成过程中，学生语文能力的核心素养得以建立起来。除此之外，也可尝试模拟生活式的语文作业，如《琵琶行》《赤壁赋》的音乐鉴赏作业，《芣苢》《插秧歌》的配音作业，古诗词配乐视频的制作作业，模拟法庭辩论的作业，劳动职业体验的作业，编写特殊句式使用指南等作业。写作专题也可以渗透整合性和创新性，有跨度的作业设计方能满足大单元任务群学习的需求，助力素养的培养提升。

"双新""双减"为我们的教育提供了新的契机，在大单元、任务群的真实情境学习下，我们应从减量增效的微专题项目式作业、情境实践性作业和整合创新型作业中探索如何实现学生语文核心素养培养，从而让学生具有适应现代社会需要的核心能力。

探索课堂里的生命力
——《探索文本解读的路径》读后感

四川省成都武侯外国语学校　喻雪丽

最近，在朋友的极力推荐下我去阅读了《探索文本解读的路径》这本书，书中详细地讲述了文本解读是语文学习中的重要能力和重要环节，也为我打开了一扇窗，让我能够以更系统的视角来理解文本，让课堂讲授更具有生命力。

本书主要聚焦于语文阅读教学中文本解读的思考路径。文本解读指的是聚焦阅读目而形成的文本分析过程以及伴同这个进程的研究方法。全书对记叙文、说明文、议论文、小说、诗歌等几种文体进行了详细的解读，让文本解读方法更好地渗透进教学进程中，帮助理解和使用。书中使用了大量的案例，对这些案例的细致分析，帮助我打开了全新的教学视野，让我建立起阅读的整体感，在接下来的教学过程中更加事半功倍。

许多老师的课堂教学以教参上的解读为主要内容。教参中的解读详细，且涵盖了教师所需要讲授的所有知识点，固定且方便地套用模板看似帮助教师快速打通教学的各个环节，但实际上也滋长了教师偷懒的习惯，很多教师在讲课的时候，完全根据教参的内容照本宣科，没有了系统分析的过程，丢失了属于自己的独到见解，这导致在教学的过程中，课堂显得死气沉沉没有活力，教师沿着既定的路线将课文进行讲授，学生按照既有的逻辑对教师的问题进行回应，双方并没有实现真正的沟通，对课堂上的知识理解也趋于浅薄。

这本书所讲授的文本解读路径，从具体应用的角度帮助我打开了日常教学的路径。我将文本解读分为了两部分。

第一部分就是树立自身的文体意识，即以文本的阅读目的和体式特征为起点，总结该类文本解读的普遍方法。文本解读还与课型相关。比如教读课的教学方式就是以老师的引导为主，老师指出一个问题，形成问题的逻辑关系，形成一个文本阅读的思维过程，构建一条文本解读的思考路径，给学生的解读起到示范作用。在解读过程中需要借助语言学知识，分析文本内容以辅助进行文本的解读。树立文本意识就能让我们在日常的备课教学工作中事半功倍。

本书还关注学生的读写意识的养成，通过努力探索在初中语文阅读教学中文本理解的思维途径，系统阐述初中阅读教学中常用的几种文本的格式特征、解读目的、理解途径、读写方法指导等，共展示了约六十个部编版中学语文教科书的文本理解案例，系统论述了这些文本的理论内涵、结构特征、语言特点等，用"问题链"的方式系统展示了怎样理解课文的内涵以及怎样分析课文，阐述了自己对课文研究的思维方式及在思维路径上的语言读写技能，论述了这些文章的教育意义，对教师在使用统一编写教材进行教学实践时对课文研究、课程设置、语言读写方法指导等提出了相应的教育意见。

第二部分是理解文本解读的方法。掌握文本解读的方法就可以增强自己以及学生的文本解读能力，也可以有效提升自己和学生们语言素养。文本解读的方法部分同时也涵盖了所有初中语文课程需要的基本学习方式，包括提高语句的理解性、形成相互关联的认识等；还包括传统语文教学的某些价值理念，如可证实的理解和理性的情感等；要摒弃过分的概念或标签式的理解，摒弃预设的成见，不厌其烦地搜集更多的语言信息，多方位地探究与反思，让读书过程不断地走向更深层面。这也说明了掌握文本解读的方法是重中之重。

日常的班级管理和批改作业等工作让我的备课变得缏短汲深，常常是拿到课文粗浅地读一遍，就翻开了教参，一步步跟着教参的思路去分析课文。我仿佛成了教参的"手下"，机械地工作，全然忘了自己才是备课时的"主人公"。

文本解读的方式让我在面对教学中遇到的问题时更有信心。知识不可能在不学习不探索中获得，行为习惯也不是先天的。叶圣陶先生就曾说过："作者思有路，遵道知斯真。"这里的"真"就说明了作者想在文章中传达的思想或创作意图，而"路"则是指作者的写作路径，也就是整个作品的基本脉络。对于语文课本中的任何一个作品，应该让学生们试着去理解，让他们有对每篇文章自己的认知，理解不了的地方再由老师去提供帮助。学生读完一篇课文后，便有了自己的认知和理解，但以他们的生活经验，不足以完全理解其中之奥妙，这一现象会使学生和课文之间形成"落差"。他们没有足够的阅历来从更深层面了解这篇文章，而文本解读的阅读方法就是"消灭"这样的落差，使学生的思维和理解能力更上一层楼，从而去接近文章作者的想法。一篇课文需要学习到什么知识不仅决定于课文本身,也关乎老师能教什么知识，学生从这些知识里面能吸收多少。对于言简易懂的课文来说，学生与它的落差就会很小，老师引导一下就可以跳过，但有些文章就会很难教。在这篇文章中学生需要学习到什么？学生在学习中遇到的困难是什么？我认为这些都是老师遇到的难题。

文本解读方式的应用对学生的阅读理解有很大的帮助。在文章的阅读中，学生避免不了会有自己的理解。对于文章的理解肯定会结合生活经验，但是学生们的生活经验并不能"体验"到文章中的所有奇妙之处。学生们的生活经验是有局限性的，需要开拓思维和老师的引导才能更有效地理解文章。

自己对文章的理解并不一定适用于其他人。在阅读中，"理解"和"评价"不能混淆，理解文章是需要有自己的见解和思想的，而评价则带有"私人"情绪。评价是每个人都会有的，不仅在课文上，在新闻、影视等方面都会有。对于课文特别熟悉的老师，更容易把自己的观念和理解抛给学生。这些理解是否是正确的？是否是有用的？都没有一个合理的答案。我们要让学生自己去理解文章才能提高他们的阅读能力，我们能做的就是辅助学生，而不是把自己的观念强加给他们。

初中大部分的课文都是记叙类文章，从内容入手，进行时间、地点、人物、事件的全面分析。其中最为常见的人物描写有两种。一种围绕被写人物的品格选择相应事件，另一种则是因事立人。解读写人文章需要梳理作者对人物认知的过程，把握作者对人物的情感倾向。而写景状物文章则要概括文章中提到的景物的所有特征，关注重要细节，关注描述景物的顺序以及景物整体局部的关系，把握作者对这些景物的基本情感态度。

在解读《老王》这篇文章时，曹刚先生将抓关键句作为核心方法。他设置了四个大问题，围绕着"那是一个幸运的人对一个不幸的愧怍"这句话提问：这个人在作家心中是什么样的？用什么表现手法来刻画这个人？作家出于何种原因来刻画这种人？怎么用这样的方法表达这种人？多层面剖析文章，用提出问题的方式来引导学生去深度解读文本，明确了文章是如何叙述的：用表现方法的多次转换为媒介，分析了作者写人叙事的情绪变化，即"我"的心路历程。而在《邹忌讽齐王纳谏》一文中，曹刚先生则又换了一个侧重点，抓住了一个"讽"字开始做文章。为什么要讽？讽的背景是什么？作者借助讽想表达什么？再结合当时的历史，将文章和历史环环相扣，调动学生的学习兴趣，开拓学生的思维逻辑能力。

在曹刚先生的这本书里，不论是对记叙文还是议论文，抑或是诗歌和散文，其解读都是恰到好处，看一遍便让我"拨云见日，茅塞顿开"。这是我从未有过的体验,没想到文本解读居然还可以如此深刻,如此有趣。我在今后的教学中,可以更高效地将从书中学习到的知识和文本解读方法教给我的学生,从而使他们可以更高效地理解所学文章表达的思想与内容。这就好像是"向青草更青处漫溯,在星辉斑斓里放歌",然后"满载一船星辉"归去。

人文著作类读后感

改变孩子不如改变自己
——读《十几岁孩子的正面管教》有感

四川省成都市金花中学　李华

你们的孩子，都不是你们的孩子，乃是生命为自己所渴望的儿女。他们是凭借你们而来，却不是从你们而来，他们虽和你们同在，却不属于你们。

——纪伯伦《先知》

当你面对十几岁孩子感到困惑时，你会提出什么样的疑问？"怎样才能让我的孩子按照我说的做？"，还是"我怎样才能对自己和我的孩子有信心？"这两句话均谈的是如何处理与孩子的关系，实则关注的深层对象不同，一个关注的是教育的短期效果，一个关注的则是教育的长期效果。能让十几岁孩子成长为健康、有能力的成年人的教育，就是注重长期效果的教育。和善且坚定的态度，便是一种注重长期效果、鼓励式的教育风格，这正是美国心理学家简·尼尔森和琳·洛特的《十几岁孩子的正面管教》的核心思想，也就是我们熟知的正面管教法。

《十几岁孩子的正面管教》是风靡全球的《正面管教》系列丛书之一。如标题所示，该书针对青少年时期孩子成长提出教育理念，特别适合渴望了解这一时期孩子的教育者和兴趣者阅读。全书共十四个章节，每一个章节的排列并没有绝对的逻辑顺序，读者完全可以按照自身兴趣展开阅读。它更像是作者日积月累的专题分享，我们因此能在不同章节看到作者重复的观点。这种重复又像是作者在不断重申，以引起读者重视，这一点于固定思维难改的我而言再好不过。

翻阅这本书并不断勾画、标记的场景仍历历在目，作为一名中学班主任和两位孩子的妈妈，这本书中的理念、方法和案例给我心灵一次次撞击，不断让我拆掉原有思维里的"墙"，给教育思想固化、时而产生亲子矛盾、师生关系危机的我以希望和勇气。与其妄想改变十几岁孩子，不妨认真学习与践行，改变自己。现在，我将在阅读时收获的知识与感想做出如下梳理，希望和大家一起分享。

一、你的青春、我的青春好像都一样

是不是我们大多数人随着年龄增长，人生阅历积累，就会忘记曾经的青葱萌动和那些叛逆、自我飞翔的良好感觉。回忆起这段时光时取而代之的更多是一笑了之，并心想"当初是多么的傻啊！""真蠢！"。面对孩子的青春期，我们多么想三言两语甚至不说就能让孩子懂得生活，不要叛逆、不要自我、不要探索……只要"听话"，因为"听话"就是长大。成年人的我们对长大真的误解太深。我们需要好好回顾下青春。

1. 青春期的个性化

当你的孩子不再相信你无所不能时，他可能进入了青春期。我们知道，通常青春期发生在十几岁。他们可能与同龄人的关系高于家庭关系，他们对父母没有那么多话说了，常常回家把门关起来，他们有了更多的隐私，甚至为了隐私不惜撒谎。有时候父母成了让他们尴尬的人，他们或许认为自己全能、无所不知。这些都是青春期孩子表现出来的个性化，这些个性化除了因为身体发育带来的不适会造成情绪突然波动外，还有他们想不断认识自己的渴望，所以他们不断试探家庭价值观，挑战成年人。通过本书阅读我认识到青春期孩子经历着巨大的身体和情感变化，他们用直觉对人对事，识别自己感受，做出决定。他们的行为只是针对自己而非别人，因而我们始终要记住孩子的行为不是针对我们。

2. 青春期的暂时性

青春期带给孩子和家长的挑战往往让人感觉无休无止，我们担心青春期的不好表现会影响孩子一生。幸运的是，青春期只是成长过程中的一个时期，甚至是一个很短暂的时期，不是最终结局。十几岁孩子现在的样子并不意味着永远都是如此，他们的行为只是暂时的。想想我们十几岁时做的那些傻事，再看看我们的现在，这个观点是不是很有说服力？"我犯过错误，但我现在还不错"，我心里这样想。

3. 缺失叛逆的青春期

想想我身边那些不叛逆、"完美"的孩子，我现在却要为他们感到担忧。他们的"完美"可能源于自身极强的自尊心与极弱的抗挫能力，也有可能他们只是想成为别人眼中的"乖孩子"，最后成为不惜一切代价寻求别人赞同的人，害怕承担风险或者不认同自己的人。如果孩子的叛逆被压制，叛逆可能会延续到成年，他可能二十岁、四十岁或者五十岁开始叛逆。因此，完美的孩子可能更让人担心。这时候我们又可以联系一下身边的完美小孩加以验证。

综上认识，我们应该给十几岁孩子创造一个让他们感到安全的氛围，十几岁的孩子在家里和班级感觉越安全，他们个性化过程中的痛苦就越少。因为那些在有自主权、有担当、可信赖的环境里成长的孩子，更可能发展出令其受益终身的能力。还有一个好消息，和十几岁的孩子们一起成长还会引出我们在青春期没有解决的问题，关注我们养育孩子时的害怕和安心，或许是找出并解决问题的有效途径。重新审视我们的青春，治愈内心的孩童，还有我们理解不了的青春期孩子吗？毕竟孩子们的青春和我们的青春其实都一样。

二、你的风格、我的风格其实也可都一样

既然青春期是孩子成长路上一个既重要又"难搞"的短暂时期，我们不妨坐在副驾驶，给予他们人生驾驶路上的帮助和指引，为他们营造安全氛围。怎么做才能恰到好处又能得到良好回应？我们每个人的教育风格可能不一样，或民主友好，或专制霸道，或骄纵宠溺，或自由放任……当然也可能是一会专制一会放任。但只要不以尊重为基础，不注重长期效果的教育风格都不是恰当的方法，都需要改变。这本书谈到的和善、坚定并且对孩子充满鼓励的教育风格（正面管教），是我认识到的最恰当教育风格。我们都可以选择

正面管教的教育风格，并不断尝试和改变。和善且坚定的教育意味着更关注长期的效果和目标。具体我们可以这样做：

1. 和善而坚定

和善不仅是让孩子感觉到尊重，还要体会到爱，尊重和爱是一切教育的基础。"十几岁孩子，想让父母爱他们，支持他们，接受他们，但不要干涉他们追求自己的生活，除非在他们想要什么的时候。"孩子由依赖父母到父母只有他们需要时才可出现，确实让我们一时半会儿难以接受，"和善"就是要建立在我们认清这一事实基础上。纠正孩子前，先进行感情连接吧，站在孩子的立场看问题并共情（理解孩子的感受），既是给予孩子理解也是我们先处理情绪再处理问题的路径，先给矛盾按下暂停键。感情连接产生效果后，我们再用启发式语言引出孩子的内心想法，剩下的我们只需要做个认真的倾听者，适当时候加以引导即可。教学中有这样一个例子给我印象极其深刻。我班上有一名易发怒且难以控制情绪的十四岁男孩。一次，他和班级女生产生矛盾，并用极不文雅语言和粗暴动作伤害了对方，事后拒不改悔。冷静后，我们单独坐在一起，我是这样开口的："我看到你刚才很愤怒（阐述客观事实），你一定是受到了什么委屈（共情），可以给我说说吗？（引导式提问）"我就这样撬开了先前还对我很抗拒的男生的嘴，我们一起探究出了他愤怒的原因，一起谈论了这件事的解决办法。和善让孩子感受到尊重和爱，所以他敞开了心扉。

注意，情感连接不是临时抱佛脚，更不是为了解决问题而假惺惺连接，我们和孩子的情感传达一定是建立在日常的生活中。例如，特别时光就是用实际行动与孩子进行感情链接，和孩子一起做一些事，陪伴等，他们一定会常感受到尊重和被爱。

"坚定"是指教育者对自己有教育好孩子足够的信心和坚定的信念，教育的立场是毫不动摇的。我们在改变自己的过程中最大的问题是容易忘记才学到的知识，时间稍久或者遇到难题，我们很容易被打回原形，重蹈覆辙，毕竟短期效果太容易让人有成就感。忘记是常态，因此改变自己需要不断练习，改变需要更多时间，我们需要持之以恒。当我们在运用正面管教法时，越感觉不舒服，就越说明我们做得还不错。还需要坚持到底的是十几岁孩子，然而孩子的坚持要包括我们，因为我们是执行人，我们得履行好副驾驶的职责。你看，"坚定"不仅需要我们坚持正确的立场，还需要我们持之以恒地去实施正面管教法，这很考验成年人，但我们的所作所为一定值得，因为我们会在逐渐改变的过程中品尝到甜头。

2. 重新界定错误

我常常因孩子犯错感到担忧和烦躁，但如果我把错误当作学习和成长的机会呢？这本书让我学会重新界定错误，从另外角度看待错误：错误是成长和学习过程中的一个自然组成部分。错误不可避免，它让我们知道哪里还需要调整。利用所犯错误来理解后果与责任，从而帮助孩子理解怎样才能做得更好。坐在副驾驶的我们应该帮助十几岁孩子有效学习，而不是让他们感觉自己很差劲。联系自身，当我们丧失信心时真的很难把事情做好，还可能成为恶性循环。因此，重新界定错误，是为了帮助孩子更好地成长。

3. 激励和沟通

作者告诉我，有六种方法可以激励十几岁孩子：致谢、幽默、做个交易或让孩子提供担保品、通过参与激励孩子、共同解决问题，以及坚持到底。激励是不是没有我们想得那么简单？除了需要我们在日常生活中善于发现孩子身上的闪光点并用激励性语言传达给对方外，我们还需要参与其中，用行动教给孩子方法，让他们在有效完成事情后再次感受到激励。比如，对于孩子学校的阅读作业，我们以月为单位制定阅读计划，根据书本页码，确定每天需要阅读的页数，以确保月底前能够有一周时间完成阅读笔记。孩子通过这件事懂得，日积月累和细化目标对于阅读是多么好的方法。激励之所以重要，是因为即便在孩子心情沮丧并犯错误时，鼓励仍然管用。也许效果不会立竿见影，但如果我们观察孩子接下来 24 小时的变化，你常常会收获惊喜。

沟通是一个老生常谈的话题，但如果沟通只是我们单方面的唠叨、讲大道理和宣泄情绪，显然毫无意义。我们抱怨孩子"不听话"，真正的意思可能是他不听我说话，也可能是说孩子不按照我们说的办。如果是想要孩子服从，我们得彻底改变这种想法。如果是想要孩子听我们说话，我们需要考虑我们是否认真听他说。沟通的基础是倾听，沟通的目的是让孩子表达，弄清楚他们的内心世界。我们要闭嘴，放下高人一等的姿态，拿出想要知道的兴趣。好奇心越大，引出信息越多。比如，"还有其他的吗？""还有其他事情让你烦恼吗？"不要忙于纠正孩子的表达，要尊重孩子眼中的世界，不要否认孩子的感受，感受与行为不一样，拥有所谓的坏感受，不会让十几岁孩子成为坏人。当你让十几岁孩子表达出来，那些所谓的不好感受便不会在心里恶化。沟通的意义是让彼此心意得以传递，孩子张开嘴说话，我们的沟通才有了质的提升。

4. 家庭会议和班级会议

当青春期撞上更年期，问题比想象中多。选定一个固定时间，我们来做一场有仪式感的亲子沟通或师生交流。我绝对相信，只要会议的氛围是轻松、公平、感恩和被尊重的，很难有一个十几岁孩子会拒绝。十几岁孩子该在什么时候拥有一部手机？怎样健康使用智能手机？为什么要买一双一千元的球鞋？劳动应该如何分配？如何解决不准时上交作业的情况……这些难以解决的问题可放在会议中讨论、解决。会议在成功企业、优秀团体中扮演着多么重要的作用，我们可以参照理解会议在家庭和班级中的重要性。我们或许还不太习惯召开家庭会议，有些害羞，但只要认真学习正面管教里的方法，在召开前做好计划，召开后做好记录，多练习几次，会感受到家庭会议和班级会议在解决难题上的不可或缺。

阅读这本书让我更加坚定，用正面管教的方法教育我们的孩子，也是对我们自己的再次养育。我们越多地改变自己，我们就越能够改变我们青春期的孩子，让他们有责任心、有能力并惠及他人。

最后，再次引用纪伯伦的诗句作为结束："你们可以给他们以爱，却不可以给他们以思想，因为他们有自己的思想。你们可以荫庇他们的身体，却不能荫庇他们的灵魂。因为他们的灵魂，是住在明日的宅中，那是你们在梦中也不能想见的。你们可以努力去模仿他们，却不能使他们来像你们。因为生命是不倒行的，也不与昨日一同停留。"

朝花带露　沉香重华
——读《朝花夕拾》有感

四川省成都市棕北中学西区实验学校　冷琼辉

多年来，对先生的敬仰都源于他是新文化运动的领袖，是勇猛的"斗士"，是时代的先锋，脑海中浮现的也一直是竖立的头发、犀利的目光、隶书的"一"字胡须的严肃模样，可敬而不可亲。对先生的作品，也没有主动阅读的欲望，少时因为学习的需要，成年后迫于教学的任务，被动阅读时，常常读得昏昏然。曾很是艳羡同事分析先生作品时的鞭辟入里，也常常会心生悲哀：我怎么就读不出其中微言大义呢？或许是才疏学浅、不善思考吧。这么宽容着自己，也便立刻坦然了：走不进奇辞奥旨，就慢慢欣赏清词妙句里的晨花夕月吧。

说来也奇怪，当一个人悦纳自己时，困在纷扰中的焦躁的心也慢慢沉静下来。我干脆躲开《华盖集》《二心集》，拿起《朝花夕拾》。这是先生唯一的散文集，十篇小散文，如一道道彩虹，架起了我与鲁迅先生之间的桥梁，消除了我与经典之间的隔膜。作者写自己，写他人，写众生，读者也就从作品中懂作者，见自己，见他人，见众生。也许这就是经典的魅力吧。书页在指尖慢慢翻开，清新温暖的文字中，严肃的鲁迅先生渐渐在我心中隐退，一个沧桑的中年男子正抄写着他的前尘往事。恍惚间，先生就如老友一般坐在对面，燃起一支烟，回望童年青春，诉说中年际遇，感慨世事时局。

一、中年人的闲静，委实不易

"我常想在纷扰中寻出一点闲静来，然而委实不容易。目前是这么离奇，心里是这么芜杂。"先生悠悠吐出这句话，渐渐消散的烟圈中，微微皱起的眉宇间透着疲惫与烦乱。那几年来，先生在北京买房安顿家人，不久却兄弟失和，搬家分居。"三一八"惨案后，因北洋军阀政府的通缉迫害，先生辗转避难于山本医院、德国医院以及法国医院，另有来自知识分子内部因为不同的文艺思想而导致的排挤与谩骂。颠沛流离的生活已是不易，更痛苦的是感情的动荡不安。二十余年形同虚设的婚姻是先生的隐痛，他从不愿提及，只说"这是母亲给我的一件礼物，我只能好好地供养它，爱情是我所不知道的"。现在，独立勇敢的小鬼许广平炽烈甘美的爱情在热诚地召唤他，先生怎能抑制住奔向幸福的脚步。可是，面对最熟悉的陌生人朱安，温顺单纯的旧时妻子，先生又何尝愿意再给她的伤口上撒盐……激动向往、愧疚不安、不平不甘，内心的撕扯吞噬着先生。此时的先生，内外交困，形容憔悴，唯有"自己的灵魂的荒凉和粗糙"。想在这种种"纷扰"中寻出一点"闲静"来，谈何容易。

先生说的是他自己，却道尽世上身处困顿的中年男人的无奈与苍凉。大多普通男人行到中年，家国天下的远大抱负也销声匿迹。退回家庭，猛然发现，腰背佝偻的老人要供，青春叛逆的孩子要养，月月不减的房贷要还，甚至随时可能面临公司裁员、情感危机。被时代的洪流裹挟向前，在生活的漩涡中无法停歇，无法喘息，"闲静"便也成了奢侈品。孤独、苦闷、无力、无助，内心疯长着"芜杂"。大多数人这样挣扎向前，辛苦平庸，直至垂暮，或能安享晚年。但先生是热爱生活的，他说"我之所谓生存，并不是苟活"。迷离中，桌上一盆"青葱可爱"的"水横枝"柔和了先生的目光，一丝温和的笑意悄然爬上嘴角，先生看到小小的自己从时光深处跑来，慢慢长大，那段青葱岁月便如画卷般徐徐展开……

二、带露的朝花，色香依旧

在先生眼里，那段岁月就是花儿一般美好。先生的童年是快乐的。你看，

下篇 书香致远 思以成行
——整本书读后感

先生儿时小小的身影活活泼泼地蹦跳着出现在百草园,流连于碧绿的菜畦间,看菜叶上的露珠流转,倚靠在光滑的石井栏上望皂荚树的枝丫舒展。即便是后来三味书屋里有了对对子的紧张,也被寻蝉蜕、折蜡梅花、画画儿的乐趣冲淡了,更何况还有那个虽粗俗却淳朴善良、热心肠的长妈妈给他买来梦寐以求的《山海经》,这本书里画着"人面的兽,九头的蛇,三角的鸟,生着翅膀的人……",他痴迷地翻看着,沉醉在美妙奇幻的图画里。他也曾急切打开由一位长辈赠予他的《二十四孝图》,看到"老莱娱亲""郭巨埋儿",他蹙起眉头,惶恐而绝望,想做孝子竟如此之难,还要搭上性命。看戏也是鲁迅向往的。期盼中,终于要去看五猖会了,七岁的他"笑着跳着,催着他们要搬得快",那份雀跃在父亲要我背《鉴略》中消失殆尽。幸而还有迎神赛会,看到"鬼而人,理而情"的无常给他带来不少温情。观花捉虫,养鼠捕鸟,读书看戏,快乐的童年渐行渐远。先生用自己的妙笔描述出的这段温暖时光,如长了钩子一般,勾引我沉醉其中。于是我也无法自拔地陷入深深的回忆,自己童年中的泥墙根、跳房子、坝坝电影、连环画……都一一从潜在记忆的海底浮出水面。

先生的妙笔游走在自己成长的足迹中,小鲁迅也渐渐长成一个懵懂少年。他已经能感受到家境衰落的阴影,父亲的病一日重过一日,他被所谓的"名医"诓骗,四处奔波为父亲抓药,然而"名医"最擅长的却是收取高昂的问诊费,终究回天乏术,父亲还是撒手人寰。其间充斥焦虑、忧伤、担心、愤怒、悲痛、绝望,少年已识愁滋味。"名医"教给小鲁迅的是人心险恶,而后的《琐记》中的给孩子看貌似两个男女光着身子打架的图画、怂恿孩子转圈、教唆小鲁迅偷家里钱并造谣污蔑他的"流言家"衍太太,更让他领教了人性中的恶,这也促使少年鲁迅渐渐走向背井离乡的求学之路。辗转各所学堂中,先生从懵懂长成一个有理想的青年,在迷茫中寻求着一条光明之路。在异国他乡,先生有幸遇到了恩师藤野先生,被"日本爱国青年"歧视污蔑为"弱国"的"低能儿"时,是藤野先生给了他真诚的关心,给他悉心的教诲,给他莫大的鼓舞。如今的先生写到恩师,字里行间满是感激与敬仰。先生还不能忘记的是在日本求学期间遇到的好友范爱农，想起这位老友，便想起了那段一同为革命而奋斗的激情岁月，而革命失败后，这位老友的悲惨遭遇更是让人唏嘘。先生在唏嘘中停下笔，陷入了沉思……

忆往昔峥嵘岁月稠，先生叹道："带露折花，色香自然是好得多，而我是不能的。"可是我读到这些小文章，品味先生清新生动的文字，先生的成长足迹却如此清晰，先生遇到的人，看过的风景是如此的鲜活，就如带露的朝花，鲜艳、丰润、芬芳馥郁。这花儿牵引着我的情思，带我回到自己的儿时过往，年少青春，寂寂心湖也荡起细细涟漪，笑容便爬上眉梢。

三、风干的记忆，沉香重华

"幸福的人用童年治愈一生……"（奥地利心理学家阿德勒），漫漫黑夜中的先生，在回忆中得到了温暖、慰藉和力量，并于温馨的回忆中进行理性的思考。《狗猫鼠》既写自己"仇猫"，也讽刺当时社会上如猫一般欺下媚上的"正人君子"；《二十四孝图》写童年的疑惑，更是对封建孝道的腐朽、虚伪、残酷进行了批判，《五猖会》中不只写自己的失落，也含蓄批判封建家长的专制，不关注孩子内心需求，这对现实中急功近利不顾孩子心理健康的家长又何尝不是一种警示。先生一边回忆，一边审视时局，针砭时弊，警醒世人。同时，先生也不断检视自身。前段时日，先生本已打算放弃个人的幸福，去履行家庭的长男的责任，孝敬母亲，帮助弟弟，维持一个大家庭的存在。但接下来经历"兄弟失和"，政治迫害，经济危机，感情动荡，文人笔仗，在现实生活危机与精神危机中搏杀，先生终于涅槃重生，彻底与旧我决裂，蜕变成一个四十几岁的"新青年"，并毫不犹豫坐上了新青年领袖的位置。

岁月沉香，先生逝去的青春沉淀在时光的深海里，而我们从《朝花夕拾》里不难感受到这深海里涌动的是先生对自由美好的追求，对生活的热爱，是先生精神独立的个性之光。先生眼中这没有色香的风干的花朵，依旧绽放如初，犹如沉香重华，历久弥香。

生命的隐痛
——《边城》读后感

四川省成都市武侯高级中学　袁欢

沈从文先生笔下的边城是一个名叫"茶峒"的湘西边境小山城，它宛如一幅宁静美丽的山水写意画，承载了沈从文这个"乡下人"对故乡的情思。它是"中国另一个地方的另一种事情"，是已埋没在时光尘土里的朴素美好的地方。景清人善，似乎这里发生的一切都该是美好的，这里的人们就应该单纯而安宁地不受外界侵扰地一代代生活下去。初读《边城》选段，我以为《边城》中风日里长养着的翠翠是美的，爱情故事是美的，山水风情都是美的。可再读下去却发现，这是一种凄美。边城里的生活表面上是诗意的，是鲜活与滚烫的，背后却是生命的隐痛。汪曾祺说，《边城》是一个温暖的作品，但是后面隐伏着作者很深的悲剧感。而正是这种隐痛更能引发我们对生命的反思，这是一般的"爽文"没法带给我们的独特体验。

边城这个带着点诗意的名字，本身就给人一种世外桃源的感觉。这里山清水秀，氤氲着纯朴和静好，似乎与外部的战乱毫无关系。这里似乎远离了金钱，虽然大部分人的生活是贫困的，但却不是困窘的。当他们发自内心地笑起来，自由地唱起歌来时，读者感受不到贫困带给他们的压迫。他们似乎都已谙熟了生活的真谛，原本寡淡，甚至有些在外人看来残酷的生活，在沈从文的笔下竟然生出了诗意，那种带着隐痛的诗意。人们的生活并不富裕，也为着粗茶淡饭终日辛劳着，可他们并不为多得一点而汲汲营营或生出纠纷。老船夫仅仅依靠公家发的三斗米、七百钱过着艰难的生活，却从不收取过渡人的额外渡钱。偶尔盛情难却，就只好将收来的钱买烟草赠送给过渡人。反倒是因为不慕钱财，老船夫同卖皮纸的过渡人争执，"一个不能接受所给的钱，一个却非把钱送给老人不可"。这种无争无斗、互帮互助的生活图景，让我感受到了一种淳朴又鲜活的人生形式。

在这样和谐的氛围里，这个小城似乎没有一个坏人、恶人，人物都是美的，除了那个中寨来探亲事口风的米场经纪人。我站在旁观者的立场去看翠翠的爱情悲剧时，我觉得他应该承担很大的责任。他在顺顺那里打探到了傩送的意思，又把话转述给老船夫，但两段话的内涵截然不同。二老说他要好好去想一下，过些日子再说。他还不知道他应当得座碾坊，还是应当得一只渡船。"我命里或只许我撑个渡船！"二老的意思虽有些模棱两可，看似是在碾坊和渡船之间犹豫，实际上最后那句"我命里或只许我撑个渡船"证明他仍然心向着翠翠。但是当老船夫询问这个中寨人时，中寨人称"事情成了"，又说二老已经决定要碾坊不要渡船了，还说傩送这小子会打算盘。这完全曲解了傩送的意思，蒙骗了不知情的老船夫，在老船夫还想说什么的时候，他又说："一切皆是命，半点不由人。可怜顺顺家那个大老，相貌一表堂堂，会淹死在水里！"文中没有交代他对翠翠和傩送的事情是否完全知情，如果他正是因为知情而故意在老船夫面前这样说，我相信所有读者都能感受到这里面的恶意了。但如果站在他媒人的立场上，这件事又好像无可厚非。他来这里的目的就是为了王乡绅家的大姑娘和傩送结亲，也许这些话就是他有意要排除一切不安定的因素，那也正常。即使背景是在民风淳朴的湘西，但是人与人之间仍有利益立场的不同，这是必然的，何况中寨人的看法也是大多数人的看法。每个人都是社会性的，每个人的行为与态度都会对周围人产生一定的影响。在翠翠的爱情悲剧中，他也许不是这场悲剧的始作俑者，但也是有意无意促使这场悲剧发生的重要诱因。翠翠的爱情故事就这样尚未开始便已消失，就像生活中许多失之交臂的事情。我们常常也会觉得生活在一片祥和之中，日子也按照我们的意愿按部就班地过着，可有时候那些看起来无关痛痒的交流，却是压在别人心头的一座大山。

有人说《边城》阐述的是沈从文对现代文明物欲泛滥的批判，可能是因为《边城》里人们的物欲很低。傩送结婚会有碾坊还是渡船的选择，人们也热衷去谈论，可嫁妆并不是傩送与翠翠之间的障碍。当然人总是有欲望的，只是边城里人们的欲望都看起来很自然，你会觉得那是一种对生活的热爱，而不是当下的"内卷"。在沈从文的笔下，萧萧喜欢看剪了头发的女学生，翠翠、三三喜欢看新嫁娘，她们对未来未知的生活都有着一种期盼，她们的期盼不为金钱所羁绊。可即使这样努力地活着，热爱着生活，那种无人与之言说的孤寂，无人给她们指明追求方法的无奈却无法消散。她们都压抑着自己的想法，或许囿于环境，或许囿于时代，又或许出于她们各自的性格特点。我觉得这，就是生命的隐痛。你热爱生活，可你却不能按着自己的想法去改变它。

边城的岁月不会放慢脚步，命运的悲剧没有放过这些淳朴善良的人物，生活的残酷在这里其实展现得很多。十二岁被卖作了童养媳的萧萧，与母亲相依为命的三三，《丈夫》里进城挣钱的七丫头，无尽等待的翠翠，命运没有眷顾他们，甚至给她们安排了希望却又浇灭了它。人不是一座孤岛，这里面的人物也都活在人群里，但她们那种骨子里深深的孤寂，看得让人心疼。翠翠从小失去父母，与爷爷相依为命，可是她还未长大，这唯一的亲人也离开了。顺顺大儿子遭遇意外，小儿子离家出走。老马兵年轻时追求爱情未果，从此一直是一个人生活。三三父亲早逝，生命里突然出现的那个城里来的人也突然离去。萧萧也没有父母，唯一的亲人是伯父，却不能在关键时候保护她。少时会觉得与家人生活在一起是一种束缚，可人至中年，才感受到没有家人，越是身处热闹的人群，内心越是孤寂。沈从文写到这些的时候，似乎是笔力清淡，但这种生命的孤寂让我觉得十分沉重。

在天保出事之前，老船夫与翠翠孤寂的生活还能说是一种简单纯粹，一种岁月静好。翠翠难以向爷爷言说内心的悸动，爷爷难以向翠翠言明内心对她未来的担忧，这种孤寂里还带着对未来美好的期许。可是当爷爷带着他的担忧在一个雷雨夜离开后，翠翠的孤寂更加沉重了。书中关于老船夫的葬礼的描写："老船夫的白木小棺材，到那个倾圮了的塔后山岨上去埋葬时，船总顺顺，马兵，翠翠，老道士，黄狗，皆跟在后面。翠翠哑着喉咙干嚎，伏在棺木上不起身。"老船夫一辈子在渡口，迎来送往，可他的离去对人群没有影响。翠翠的干嚎，翠翠的呜咽，无人能替她分担。各人还有各人的事，碧溪岨最后只剩下翠翠和老马兵，还有那只黄狗。史铁生曾写道："童话的缺憾不在于它太美，而在于他必然走进一个更为纷繁而且严酷的世界。""凡事都有偶然的凑巧，结果又如宿命必然"，祖父死去、傩送出走，这些突如其来的打击让翠翠的情感世界就像是白塔一样坍塌，这既必然又偶然。翠翠一夜间成长，被迫成长。她来不及消化她的伤痛，便要继续生活下去。不知道怎样才能让内心足够强大，去接受这些宿命的必然。"这个人也许永远不回来了，也许'明天'回来"，翠翠孤寂地等待着一个未知的将来，她也许会带着美好的愿景就这样孤独终老，也许时间的流逝会给她的生活带来变化。虽然带着希望的开放式结尾，一定程度减轻了悲剧色彩。可这种孤寂，这种生命的隐痛，显得离我好近。合上书页，人物的悲伤离我远了一些。走进自己的生活，似乎对生活的幸福感知得更细腻些，也许这就是阅读的一部分意义吧。

　　沈从文在谈到《边城》的创作动机时说他要表现的是一种"健康、优美，而又不悖乎人性的人生形式"。看过这些生命的隐痛之后，才明白原来这里所说的优美的人生形式包含着这些孤寂，不悖乎人性的人生形式里不排除这些孤寂，健康的人生形式就是必须要去面对这些生命的隐痛。为什么会有读者觉得《边城》是一曲"乡土牧歌"呢？我怎么感觉越读越凄楚。翠翠在吊脚楼下听两个水手议论卖唱的妓女："她的爸爸在棉花坡被人杀了十七刀。"这触目惊心的事件尽管以如此平淡的调子谈论出来，对读者仍是一个强烈的刺激。这难道也是不悖乎人性的人生形式？也许作者是在提醒我们这里的人们虽然良善，有着自然的灵性，也有着其他地方人们共有的忧伤凄苦，爱恨情仇，这本就不是真的世外桃源。而正因为即使人物良善，民风淳朴，却也免不了宿命的残酷，生命的隐痛，所以我们才更易于感受悲哀的分量。当我们在被物质异化的都市之中浑浑噩噩度日的时候，读到这些文字，内心才会产生对存在与生命更加深刻的领悟。所以哀怨凄楚的挽歌也是乡土牧歌的天然组成部分，悲剧自有悲剧的美和力量。当我感受着这些人物生命里的隐痛时，我能更谙熟生命的真谛。生命因为有残酷与凄楚，其中美好的部分才能更为我们所珍惜。这，就是阅读带给我们的美好吧。

"生""死"的伴随与见证
——论《生死场》中动物描写的作用

四川省成都市武侯高级中学　向凡

《生死场》是中国女作家萧红创作的中篇小说,整篇故事讲述了20世纪20年代至30年代哈尔滨近郊一个村庄乡民"生"与"死"的故事,更描述了一些女人在男权世界里的卑微无助。虽然本小说是叙述"人"的苦难和觉醒,但是却运用了不同于其他小说的大量动物形象去刻画人物、推动情节、烘托环境甚至隐喻主题。读完《生死场》整本书,我对其中动物描写印象尤为深刻。

一、借动物化的比喻来刻画人物形象

鲁迅先生在写给萧红《生死场》的序言中如此评价这部小说:"这自然还不过是略图,叙事和写景,胜于人物的描写,然而北方人民的对于生的坚强,对于死的挣扎,却往往已经力透纸背;女性作者的细致的观察和越轨的笔致,又增加了不少明丽和新鲜。"这是在当时环境下,鲁迅对《生死场》最为中肯的评价,至今仍为不少学者所引用。1935年11月16日鲁迅在致萧军、萧红的信中专门解释过这一段话:"那序文上,有一句'叙事写景,胜于人物的描写',也并不是好话,也可以解作描写人物并不怎么好。因为做序文,也要顾及销路,所以只得说的弯曲一点。"鲁迅可谓一语中的。诚然,《生死场》作者没有按照传统小说的写法,集中笔墨塑造一个或几个典型环境中的典型人物,而是全景式地摄取好几户人家的众多人物;而除了王婆、赵三、二里半等几个人物贯穿始终外,不少人物只是根据表达的需要留下一二剪影,转瞬即逝。而在小说的群体性人物形象的塑造上,作者充分借用了东北农村里处处可见的动物形态,这给小说里的人物形象的塑造添色不少,也给读者留下了深刻的印象。

  首先从外在形象来看，人与动物本来就存在着密切的相关性。从达尔文的生物进化论的观点来看，生物之间存在着生存争斗，适应者生存下来，不适者则被淘汰，这就是自然的选择。生物正是通过遗传、变异和自然选择，从低级到高级，从简单到复杂，种类由少到多地演化着、发展着。然而，演化至今，人类依旧有动物性遗留，这也是萧红笔下人物的动物化描写的基础。《生死场》中把人比作动物的描写随处可见。"麦场"中，麻面婆（二里半的老婆）以"母熊"的身份闪亮登场，不免让人有几分震惊，她"头发飘了满脸，那样，麻面婆是一只母熊了！母熊带着草进洞"。听麻面婆说话，"就像让猪说话一样，也许她喉咙组织法和猪相同，她总是发着猪声"。当她得知自家的山羊丢了的时候，去柴堆里翻扬，直到她"像狗在柴堆上耍得疲乏了！"这三处对麻面婆外在形象的描写十分精彩，麻面婆这个形如"熊"，声如"猪"，动如"狗"一般，看起来是那么愚蠢、可笑的东北老婆子的形象直逼读者眼球，让读者想从外而内地深入了解这个麻面婆到底是何等人物。再看二里半这一形象，他"伏身到井边喝水，水在喉中有声，像是马在喝"；他寻羊叫喊时，"比别人叫出来更大声，那不像是羊叫，像是一条牛了"；当他骂妻子的时候，"他的面孔和马脸一样长"。他在寻羊的过程中和地邻发生争执，丢了帽子拔腿就跑，而回家后却对自己那烧焦了饭的傻老婆子撒气，先天不足（腿瘸了）与后天的懦弱无能构成了这个声如"牛"，面如"马"的二里半。接着再看老王婆一家，老王婆（赵三的老婆）以"猫头鹰"的身份登场："在星光下，她的脸纹绿了些，眼睛发青，她的眼睛是大的圆形。有时她讲到兴奋的话句，她发着嘎而没有曲折的直声。邻居的孩子们会说她是一只'猫头鹰'，她常常为着小孩子们说她是'猫头鹰'而愤激：她想自己怎么会成个那样的怪物呢？"猫头鹰是站在黑夜枝头的动物，不免蒙着一层幽深恐怖之感，让人心生寒栗，这也为下文老王婆从"幽灵"到"幽魂"最终心如死灰的人生际遇埋下伏笔。作者虽然未对赵三与平儿的外貌作动物化的比喻，但是他们的一生都与"马""牛""羊"这类家畜息息相关。当作者写到金枝与业成这对初看十分"相爱"年轻人时，也用了两处精辟的比喻，"五分钟过后，姑娘仍和小鸡一般，被野兽压在那里"，"他丢下鞭子，从围墙宛如飞鸟落过墙头，用腕力掳住病的姑娘；把她压在墙角的灰堆上……"由此不难看出，业成对金枝的爱是出于动物本能的占有，而非精神上的眷恋，这和柏拉图式的精神恋爱是背道而驰的；而金枝对于业成而言不过是一个附属品，这也为后来金枝悲惨无依的命运埋下了伏笔。以上，笔者以家庭为单位，介绍了小说中的主要人物：二里半和麻面婆，赵三、老王婆和平儿，业成和金枝。作者对这三个家庭的不同人物或多或少都作了动物化的描写，以展示他们不同的性格特征，并为他们接下来的人生命运的走向埋下了伏笔、做好了铺垫。

二、借"山羊""老牛""老马"来推动故事情节

作品开篇便以"一只山羊在大道边啃嚼榆树的根端"拉开小说的帷幕，接着二里半、麻面婆、平儿一家三口一一登场亮相。中间一面写羊的活动，一面写寻羊人的状态，两条线索交叉展开，当二里半发现自家的羊丢了的时候，破口大骂道"他妈的，谁偷了羊……混账种子！"于是麻面婆和平儿乃至邻人们都加入寻羊的队伍中，然而，大家都寻而不得，失望而归，二里半还因为寻觅途中踏碎了地邻的白菜而挨了打，于是他认定了"这羊不是什么好兆相"。当羊儿饱餐过后自己回到家中，也并未让二里半感到丝毫高兴，反而让他觉得羊的存在妨害了自己的脸面，于是他又试图卖掉这羊。羊最终还是没有被卖，自己的老婆麻面婆却有了孩子，在五月节里这家子喜气洋洋过得好不热闹。然而不幸的是，传染病突袭了整个乡村，他们的孩子终于没能逃脱传染病的魔爪，"二里半的婆子把小孩送到了乱坟岗子去！"转眼间，十年过去了，年盘转动了，九一八事变让这个村子民不聊生、生灵涂炭。二里半老了，他的妻子老了，王婆老了，赵三老了，那曾经的山羊也老了。"老羊轻轻走过正在繁茂的树下。山羊不再寻什么食物，它困倦了！它过于老，全身变成土一般的毛色。它的眼睛模糊好像催泪似的。山羊完全幽默和可怜起来；拂摆着长胡子走向洼地。"在王婆慨叹今不如昔之时，山羊仿佛也有了灵性，陪着她一起伤心垂泪。面对东北大片土地的沦陷，民族危机日益加深，亡国灭种的灾难向愚昧的民众突袭而来。村子里的老老少少猛然觉醒，在老赵三

和李青山的带领下，举起了爱国救亡、打倒日本帝国主义、坚决不做亡国奴的红色旗帜。村民们集体宣言的日子到了，村子里却找不到一只公鸡，所以决定拿二里半的老山羊来代替。然而当宣誓之后马上杀羊的时候，二里半捉着一只公鸡回来了，他还是舍不得陪伴自己多年的山羊。丧尽天良的日本鬼子杀害了他的妻儿，二里半甚至想干脆了结了山羊的性命，好让自己真的无牵无挂。但他终于还是忍住了。而在作品的结尾，二里半临行前是那样留恋家里的老羊，不仅"在羊棚喃喃了一阵，关好羊栏"，而且像托人照看自己的家人一样嘱咐老赵三"这条老羊……替我养着吧！赵三哥，你活一天替我养一天吧……"二里半走了，"渐去渐远，羊声在遥远处伴着老赵三茫然地嘶鸣"。作品以"羊"开始，又以"羊"结尾，首尾呼应，在结构上给小说画上了一个完整的句号。

再看小说第三章"老马走进屠场"中，王婆为了缴纳地租而不得不把心爱的老马送进血腥的屠场。"屠场"在生死场里有着深刻的象征性，它不仅仅是牛马这类牲畜的屠宰地，还象征着人类自己的刑场。老王婆在去屠场的路上，在颓败的庙前看到一个死了的孩子，越是接近屠场，老王婆的心里越是翻腾不停，她反思着老马任劳任怨，最后却因为一张马皮的价值而被主人出卖的一生，她自己的命运也好似这可怜的老马，连忍痛用自家马匹换来的三张票子都被地主剥削得一干二净。这一章也是全篇的一个小高潮，读者透过王婆的眼睛，看到了颓废的庙子前被弃的死了的孩子，看到了回忆里无情的大刀下小伙子倒下了，老头也倒下了，而今老马也倒下了……王婆带领我们穿越了生死，穿越了时空，人世的沧桑与无奈已经深深地烙进了王婆心底和读者的心底。这一章写老马走进屠场到被宰杀的整个过程之中王婆内心的变化：悲痛无奈——思绪翻涌——痛苦难忍——聊以自慰——内心控诉。在这里，王婆哭着回家，眼泪完全打湿了两只衣袖，而作者也替王婆发出控诉，那是来自人性的呼唤："王婆半日的痛苦没有代价了！王婆一生的痛苦也都是没有代价。"作为社会最底层的劳动人民难道只有被地主剥削的困难命运吗？人类总有一天会被自己的贪婪送上刑场。这里老马的命运实则是在折射那个时代劳苦大众的命运。

面对地主的压榨，面对地租的增加，王婆的丈夫赵三决定走上反抗的道路。他和李青山集结了村里的男人们，秘密成立了"镰刀会"，他们在夜里商量对策，预谋着要打死这个"恶祸"。女人们也心慌意乱地聚集到了一块儿，并为着自家的男人担忧，唯独王婆此时显示出了非一般的胆识，她竟然为丈夫找来了老洋炮，她还教会了丈夫如何装火药，如何上炮子。孩子们对大人们的动作毫不关心，他们依旧在院子里用谷粮来引诱贪婪的麻雀，在灶膛里烧麻雀吃。一切似乎都已经准备到位，男人们蓄势待发，然而此时意外发生了。赵三误打了小偷，居然打折了他的腿。他被送进了监狱，由于主人的帮忙，他才得以出狱。为了给那个折腿的小偷赔偿，赵三牵了家里仅有的那条青牛去卖，从此家里也不再种麦子了，"镰刀会"也日益衰落了，地租到底还是加成了。经过这次意外以后，赵三不仅锐气大减，他甚至还对地主刘二爷产生了悔意和愧疚之情。曾经的镰刀会的组织者，如今却屈服于命运的镰刀。主人的不幸遭遇终究连累到家里的牲畜，青牛难逃被卖的命运，也如同老羊难逃被宰的命运，只是因为它们都出生在赵三家，只是因为它们都出生在这个村子，只是因为它们都出生在那个时候。主人的命运也像极了家里牲口的命运，他们一起走进人生的屠场。

三、借众多动物描写来烘托环境

小说中借众多动物描写来烘托环境的章节不少，而第六、七、八、九、十、十二尤为明显。在第六章"刑罚的日子"中，主要写的是村子里妇女们的生产，五姑姑的姐姐"光着身子的女人，和一条鱼似的，她爬在那里"，男人用长烟袋投向她，把大水盆抛向她，她最终在血泊中落产了。金枝也受到了刑罚，她终于好不容易生下了小金枝，业成却在和她的争吵中摔死了孩子。麻面婆虽然成功生下孩子，孩子却仍然难逃传染病的厄运。与此同时，作者在这里也写到了乡村里的动物也和人一样忙着生产。"房后草堆上，狗在那里生产……小狗生出来了""大猪带着成群的小猪喳喳地跑过，也有的母猪肚子那样大，走路时快要接触到地面，它多数的乳房有什么在充实起来""四月里，鸟雀们也孵雏了！""牛或马在不知觉中忙着栽培自己的痛苦"。这一章，作者通过描写乡村里动物生产的壮阔画面来烘托女人们生产的宏大景观，然而"在乡村，人和动物一起忙着生，忙着死"，男人们并不关心自己的妻子和孩子，在男性的社会里女人被迫沦为生产的工具。表面上，这一章为我们呈现出一幅"生机勃勃"的画面，实际上却透露着死亡的气息。

  要说死亡的气息最为浓厚的地方莫过于那个阴森恐怖的"乱坟岗子"，好似人间的所有地方唯有这里与死亡距离最近——"坟场是死的城廓，没有花香，没有虫鸣，即使有花，即使有虫，那都是唱奏着别离歌，陪伴着说不尽的死者永久的寂寞。乱坟岗子是地主施舍给贫苦农民们死后的住宅。"当金枝三天后去那里找自己的孩子时，已经"被狗扯得什么都没有了"。当二里半的婆子把自己的孩子送到那里去时，她听见了"野狗在远的地方安然地嚼着碎骨发响"。"乱坟岗子不知晒干多少悲惨的眼泪？永年悲惨的地带，连个乌鸦也不落下。"这个幽深恐怖的人间地狱不知埋葬了多少无辜的生命、愚昧的生命、卑微的生命，那些被抛弃的孩子、被饿死的孩子、得病而死的孩子更是含着怨气而来，含着怨气而去。对于这样一个布满怨气的坟场，作者这里唯独提到了"野狗"，这样的地方甚至连乌鸦和虫子都不愿意光顾，唯有为了觅食的野狗才出现于此，等待于此。

  这部小说在体现萧红一贯创作风格之外，更体现出她细腻的创作技巧。她用其他作家少用的描写方式，去呈现自己创造的文学世界。《生死场》这部小说中诸多的动物描写，更成了映射人类世界苦难的一面镜子，值得读者们品味与思考。

历史的镜子　人情的呼唤
——读长篇小说《芙蓉镇》有感

四川省成都市武侯高级中学　徐畅唱

  《芙蓉镇》讲述了一个小镇上几个普通人物在"文化大革命"前后命运升沉的变迁，从他们不同的个性被扭曲、被异化中，探讨极左思想的影响，反思特殊历史，凸显温暖人性。作品展开的时间跨度较长，描写了1963—1979年间中国南方农村的社会风情，揭露了极左思想的危害，歌颂了十一届三中全会路线的胜利。这是一部拥有浓烈的时代痕迹的作品。全书分为四个章节，每章呈现一个主题。

坐落于湘、粤、桂三省交界处的芙蓉镇，是兵家必争的关隘之地。这里商旅歇宿、豪杰聚义、民风淳朴、三面环水，盛产木芙蓉和水芙蓉，故名芙蓉镇。

小说的开端，作者花了大笔墨描写湘西芙蓉镇上的山水，描绘了一幅不沾尘世的风景画。然而，闭塞的社会环境仍避免不了外来风波的侵袭。

主人公胡玉音是个黑眉大眼、清秀、丰满的美妙女子，且性情温和、手头利落。满庚哥是"芙蓉姐子"胡玉音青梅竹马的恋人，退伍返乡担任芙蓉乡乡长。他根正苗红、一表人才，但是因为玉音家庭成分的问题，二人的情感发展受到了阻碍。他最终选择了组织而放弃了感情，把爱情转化成了责任。善解人意的胡玉音觉察了满庚的无奈，选择并接受了做满庚的妹妹的现实。胡玉音与黎桂桂结婚后，用勤劳的双手撑起了一个温馨的家园。她照看她的米豆腐小摊，对客人总是笑脸相迎。湘西女人的温柔奔放都集中在她的身上。李国香是国营商店的女经理，由于生活作风问题被发配到偏远山区。她气量小、嫉妒心强，在她心里，胡玉音就是她的情敌，不但抢走了黎满庚，也抢走了谷燕山。她将胡玉音当成眼中钉，经常将心底的不平发泄在胡玉音身上，最终也导致了她个人的命运悲剧。

1960年困难时期，村里闹着严重的饥荒，饥饿笼罩着芙蓉镇。民以食为天，社员们饿得肚子疼，只能用蕨根、糠粑果腹。女经理似乎是外来社会的代表，她讲话态度和气，总给人一种关照的善意，但是她的关照和提醒也给人一种精神上的惶恐。乡亲们见她面面相觑、屏住呼吸，生怕得罪她。"一鸟进山，百鸟无声"一语，点破了芙蓉镇上的社会环境，仿佛这"一鸟"口袋里操弄着一本生灵的生死簿。芙蓉镇上一向安分守己、颇讲人情的村民们开始朦胧地体会到"天下从此多了事"。

李国香再次回到芙蓉镇时，轰轰烈烈的"革命"矛头指向了靠双手发家致富的胡玉音。她被打成"黑五类"，每天都在游街中度过。老谷被监禁、新屋被查封，一切美好的东西都似乎在渐渐被毁灭。但是，玉音感到打击最大的是满庚哥的出走，她感到一种强烈的背叛和难以名状的孤独。原本民风淳朴的小镇此时气氛变得肃静。原先街坊们互赠吃食的习惯已经荡然无存，多的是"觉悟"的耳朵和"警惕"的眼睛。日复一日的清晨，她与秦书田被惩罚打扫青石板街，两颗心在人生的最低谷相遇，这难得的温暖就像照耀在黑暗罅隙之中的一道光芒，让原本干枯的生活变得有了些许温存，沉睡的灵魂也慢慢苏醒。"时间，像一位生活的医生，它能使心灵的伤口愈合，使绝望的痛楚消减，使某些不可抵御的感情沉寂、默然。尽管这种沉寂、默然是暂时的、表面的。"秦书田和胡玉音这患难之交于默默之中互生情愫，这厚重的温存变成了支撑彼此的光亮。

然而，命运似乎并未眷顾这一双苦命人，他们被冠上非法同居之名被判刑，爱情的火花又被现实生活扯成两半。

时间是一条河，一条生命之河，一条流在人们记忆之中的河。生命也是一条河，一条流淌着欢乐与痛苦的河，一条时而凶险时而欢唱的河。人人都是这条河中的鱼虾，也似演员，文唱武打、红脸白脸、花头黑头……

芙蓉镇正在朝着历史的既定方向向前走，现代化给这个小镇带来了生机。李国香被教育要逐渐摘掉"以阶级斗争为纲"的思想。她显然很不适应，然而她舅舅的一番言论改变着她："只有学会了在社会湖泊里游泳的人，才有按照形势转变对策的自由"。"北方大兵"谷燕山挽救了胡玉音和她的孩子，这个从抗战年代走过来的汉子，他是历史的见证者，也是浩浩荡荡的"运动"的牺牲者。黎满庚是忠诚与背叛的代表人物，为了表示对组织的忠诚而背叛了感情。在组织和个人、革命和爱情面前，他坚定地用理性战胜感情。在他的内心深处，胡玉音也许永远是他生活的苦果，始终在心底对她心存爱、怨，甚至恨。他宽阔的肩膀似乎负担不起一个无形而无比沉重的包裹。"五大三粗"的"五爪辣"似乎看出满庚的内疚，自己也知趣地不嚼舌根子了，他们和和睦睦地过日子。善良的胡玉音原谅了他们的背叛，默许自己的孩子军军去他们家玩耍。

时间或许是淡化伤痛的良药,经历了,也原谅了。

胡玉音这个善良、温顺的女子始终等待着她的书田哥回来。这对患难夫妻没逃过社会风波但是收获了人世间美好的亲情与爱情。"四人帮"倒台后,镇革委的人吩咐她可以不扫街了,但她还是坚持每天都来扫街,理由是等待书田哥回来。一个性情温顺、默默无声的女人,她的内心世界,是一座蕴藏着极大能量的感情宝库。当胡玉音真的被"平反"之后,可以恢复她的小业主身份,她竟然惊恐地捂住双眼,认为这一切都是白日梦。这历史星河中一个错误,竟然让她的人生发生了天翻地覆的变化。当秦书田劳改回来之后,她发疯似地高兴,她觉得自己终于重见天日了。

一个时代的尾音似乎已渐远,芙蓉镇又恢复了往日的热闹与和睦。人们并未淡化伤痕,而是在充满伤痕的时代中又重新翩跹起舞。统购包销的时代也过去了,取而代之的是家庭联产承包责任制,这再度调动了人们生产生活的积极性。

长篇小说《芙蓉镇》讲述了一个凄惨、揪心却又温暖的故事。小镇的安详与和睦、斗争与恐怖、回归与重建,历经了人世间的许多轨迹。此部作品是当代反思文学颇具影响力的代表作,它不仅展示了"文化大革命"带给人们的生活创伤,同时也理性反思了其成因。

《芙蓉镇》是古华1981年创作的小说,作者把自己所熟悉的南方小镇里的人和事浓缩进作品里,将政治风云融入风俗民情画,通过人物命运凸显乡镇生活变迁,力求写出南方乡村的优美生活色彩和唯美生活情调。

《芙蓉镇》全书遍布悬念,使小说故事摇曳生姿、情节一波三折,呈现出独特的美学效果。小说时间跨度大,但篇幅不长,作者一方面在结构上着意经营,只着重于写二十余年间的四个年代,每一年代成一章;另一方面,其描写要而不繁,色彩、情调俱出,又十分简洁、概括。

小说的主题正如此段描述:"就是在大劫大难的年月,人们互相检举、背叛、摧残的年月,或是龟缩在各自的蜗居里自身难保的年月,生活的道德和良心,正义和忠诚并没有泯灭,也没有沉沦,只是表现为不同的方式。"《芙蓉镇》让我们反思历史,反思人性,反思而后更好地重塑和重建。

鲁迅先生曾说过："悲剧将人生的有价值的东西毁灭给人看。"小说中的每一个人物身上都存在着悲剧感，这悲剧裹挟着个人的人生，连同时代都变成了历史长河之中的一个碎片。而如今，我们再重读这样的文学经典，能看见神秘湘西的风土人情，也能窥见人性深处的善与恶。《芙蓉镇》并没有简单地停留在对"文化大革命"的批判，而是更深入地剖析被卷入"文化大革命"的那些人物，使读者随作者一起反思人性。优秀的小说是来自作者灵魂深处的呐喊，一字一泪，一字一血。

胡玉音能承受令人无法想象的痛苦，小镇之中的人能够拨开云雾重新生活。新时代的我们更不应屈服于眼前的困难，我们没有理由不乐观、不自信、不坚强。

打破心理隔阂，亲近古典文学
——读《世说新语·别裁详解》的始末

四川省成都武侯外国语学校　胡颂

教书的日子里，最爱和同学们"坐而论道"，不像师生，更像平辈，我们会从学习方法、文化背景、对语文的看法等不同层面进行辩论式交流。一届学生空闲时，就曾同我辩论"文言文是否有学习的必要"。按照他们的说法，文言文早就脱离高速发展的现代文明，科技时代，花时间背诵阅读文言文，简直就是浪费时间。这个同学话音刚落，同学们纷纷附和，说难、说惧、说不解的都有。他们说的真实而客观，我也一时语塞。

想到语文如今的地位，我自然唏嘘。正在心中盘算、组织言语与他们辩论时，一个大男孩得意洋洋地向大家挥挥手：文言文一点都不难。继而"得意洋洋"地宣传他曾一个假期捧着一本初中文言阅读练习，从头"刷"到尾。从此之后再也不怕课外文言文！同学们丢下我，围起他来：你怎么做到的？

下篇　书香致远　思以成行
——整本书读后感

　　他说一开始被我逼着假期"刷"一本册子，做不来，就先猜，猜不透的就借助工具书和翻译答案，也不知怎么，到最后一本书做下来，读了很多好的故事，故事还很有趣，也不知什么时候就觉得文言文可简单了。

　　听到孩子们的对话，我沉思良久。他说文言文不过是一个个故事，很有趣。这大概是我那天最大的收获！对啊，文言文不过就是一个故事罢了！这个故事里有历史，有文化，有文学，有人生的思考，有命运的参悟，但是他依然是一个个活泼的故事！哪里会有孩子拒绝故事？

　　文言文是中国传统文化的载体，它的教学有一个四位一体的说法——文言、文章与文学的统一、文化的多层面体现。这个话很玄妙，我们通俗来看：首先从"文言"来说，文言文的学习是对古代词汇语法系统的学习，主要是语言能力，就是同学们要在阅读中积累字词。"文章"更多注重经典作品的实用功能。再看文言的"文学"功效，文学是一种文字的表现手法，学习文言也是在学习文言文中的写法技巧；"文化"方面则包含传统思想，古代仁人志士的情意和思想，还有天文地理民俗风情，文言的文化功能和"文言文不过就是一个故事"的论调最为相近！学习文言，对提高学生的语感有很大的效用。

　　故而这两年我一直想找一本古代文言经典和学生一起共读，不仅仅想拉近学生同文言文的心灵距离，也希望学生能在博览中吸收古代智慧。选择哪本书才最适合初一的学生呢？首先考虑的便是要打破学生心理的戒备，用各种古代趣味小故事来吸引同学们，拉近经典与孩子们的心理距离；其次希望能够课内与课外有关联，用阅读的功用来吸引学生。七年级学生首先接触到的两部作品集是《世说新语》和《论语》。《论语》看上去简短，但是蕴含的道理深远，哲思深刻，往往在只言片语之间将人生的奥秘剖解。所以读《论语》，重在摘取浅显的、贴近孩子目前生活的名句来进行鉴赏指导。

　　而《世说新语》的优势在于，它也讲道理，讲玄思，只不过要把道理放进生动的故事里，放进人物形象的塑造里。我读它时也常常捧腹大笑，也常常为人物的命运唏嘘。文中人物嬉笑怒骂嗔，机敏巧智，常常让读书者宛如身临其境。读完后还觉得意犹未尽，不由自主地反复咀嚼。这本名士"教科书"的特殊魅力就在此。空谈哲学，哲学就高远深邃，没有地面土壤的支撑，读起来如在云端，对初一的娃娃来说实在不够友好，甚至让人对文言阅读从此敬而远之。只有把想说的抽象道理放在感性的人物形象上去，道理才会变得生动易懂，加上精彩的历史故事，幽默的语言，在同一阅读时间里，获得文言、文章、文学、文化的全面提升。

选定读本，找来几个学生，共读《世说新语》，不几天，新的问题又出现了。《世说新语》人物众多，历史背景和时代特色都在人物的言行举止上留下很重的痕迹。可学生拿到的这本书，竟然"空空如也"，还有编者风趣地在序言上加上一笔："《世说新语》最宜随手翻阅，可不求甚解，随心所欲，心领神会，其乐无穷。故本书没有附带译文，只有必要的注解。毕竟，其中之妙，存乎一心，慢慢回味，定当有所体悟。"这对浅知历史的成年人来说，尚有道理。对初一娃娃，就"呜呼哀哉"了。读此书要知人论世，人物分散在不同的作品中，如满天飞雪，无法握在手中；时代背景更是讲得太简单，不能帮孩子们解决知人论世。

书海畅游，苦中作乐，来来回回许多时间，戴建业的文章风趣幽默，哲思深刻，漫画版的故事性强、通俗愉快，都是值得看的。但终究没有做过文本精选，没有特别适合孩子们年级阶段的版本。直到偶然见到成都语文老师们推荐的《世说新语·别裁详解》，十分惊艳，不仅历史背景详尽，而且精选重要人物在整部《世说新语》中的痕迹，用"传记"形式推开；更是在文言字词上抓住重点，进行语境推敲，人物关联，解读十分巧妙。文中解读《赞誉》的王敦对杨朗的评价，就是抓住重点字词，逐一排开，由浅入深："位望殊为陵迟，卿亦足之处"，对于"处"字的解读放在整个语境和历史故事中，从"位""望""足"三字逐一分析，读出王导、王敦用心之良，然后知道"处"是处置，安排职位的意思。该书讲文言经典，重视文言字词与历史背景、特定语境的关联。对学生来说，颇有益处。

本书属于《世说新语》的一个选本，他不是逐条逐文地详解。可以把他理解为从《世说新语》中梳理出的新的"名士传记"。书名"别裁"，意为原文全依《世说新语》而另作编排。作者介绍，这是出自袁宏一本已经失传的《名士传》。作者在序言中写道："《世说新语》共分三十六个门类，一个人物的故事每每散落在不同的门类之中，检读不易，难以形成关于某个人物的整体印象，于知人论世有所不利。如果将某个人物的故事、大体依照其生平经历，重做整合，参以正史，结合刘孝标注文的一些重要信息，详细阐释或辨析，未尝不是种新的读法。""书中的每一条释读，以及每一个人物全部故事之后的'编选者言'、均试图亦文亦史，文史结合，以期知人论世。如此一来，可能会增强本书的可读性和趣味性。"作者所思，正是我们所想，所忧。我当即下定决心，开展该书的共读。世说新语的道德评价意识贯穿全书，总的来说，对于君子的作风道德操守，放在现代社会依然有它的意义。以人物精神为切分点，详细介绍原著中的主要人物，减少了初读者的压力，带来文言阅读的趣味体验。

我苦啃董上德《世说新语·别裁详解》。所谓苦啃，乃是文章所著，涵盖东晋诸多名士历史，更有对《世说新语》的深度解读与补充，进而又加以对人物为人处世的评说。文言、论辩与哲思综合在一本书里，正是苦的缘由。苦中作乐，思想通达，往往所获，或摘写一二，或评述二三，或举一反三。学生读来，先觉有趣，后觉有用。师生感叹：开卷有益！

其一，是读史明智，故知"清谈误国，玄学深远"，类比于当下语文，何其相似。语文玄妙，空谈文学，故而于当下教育，不常受到重视。然使人知人论事，妙语能辩论，非语文不可；所以文理皆修，才可以逻辑清晰，思维通畅，语言巧妙。再而知，思想的广博创新，不可考察；而严谨考证，精准推敲，可以考察。进而知如今的语文，不在辞藻之飞扬，而在逻辑的严谨与中肯的表达。学生笑读，古人之智竟先进于现代人，此为之"传承久远"。

不仅从魏晋清谈玄学风反思求学，读此书，了解文本的背后有历史时代、人物背景多方的相互牵扯，同一人物不同情况下自然是各有其色，同一朝代也是百花齐放，百家争鸣，同一思想也是多有牵扯，各种交错，便是知道断章取义是万万要不得的，若以单一一个片段定人物的善恶、世事的是非，只能是臆断误判，井底蛙鸣。这是其二。本书借助《名士传》和其他史料，按照时间顺序通谈典型人物，西晋东晋名士，并非面面俱到，而是把最能代表魏晋风流的人物形象具体地展示在读者面前，人物神态笑语，行为举止，事无巨细，凡是可考据的，都有整理。

至于其三，读此书，精神饱满，乐在其中。作品如画如歌如戏如梦，一人一风貌（竹林七贤），一家族一家风（旧时王谢家），一时代一命运（盛衰风骨）；高歌与低唱轮替，上演的是比故事更加精彩饱满的群像剧。

《世说新语·别裁详解》在尊重原著道德观基础上也注入了当代人的认知思想，对做人做事、人生追求都有一定的指导意义。读起来也是酣畅淋漓，好书可读，积累文言，通晓历史，丰富思想。我读一本好书，打开一个全新的认知思路。学生读一本好书，拉近了自己同经典文言的距离。师生共读，互相促进，想来语文的春光灿烂，便是如此。

终于，又在一个"师生共论"的日子里，孩子们同我说：

"老师，这本书真有趣，还有吗？"

于东坡望月
——读《苏东坡传》有感

四川省成都市武侯高级中学　苟斌

又逢中秋，圆月挂空，把皎洁的清辉洒向人间。因疫情突起，难以与家人团圆共享天伦，连同市的小弟也无法相聚一处，只得电话寒暄以慰手足之情，不由想起苏东坡中秋夜"兼怀子由"的名句"但愿人长久，千里共婵娟"。能同沐月之清辉，相信思念之意必也能投射对方心中。东坡先生是天纵奇才，才能写出这样情感真挚、才思聪敏又意境阔朗的句子，所以有人评价说"《水调歌头　明月几时有》此词一出，余者尽废"。恰巧前几日正重读林语堂先生所著《苏东坡传》，又多些许感悟。此刻望向千年前照耀过东坡先生的同一轮月，恍惚之间，竟似与他展开跨越时空的对话，悟他超然旷达的思想，聆听他的谆谆教诲。

下篇　书香致远　思以成行
——整本书读后感

初知东坡先生高名，始于学生时代的课堂，彼时的我被书中他潇洒飘逸的气质所吸引，后来也通过一些零星的资料试图看懂这位千古大才。直到通读《苏东坡传》，对他的一生才有了更加全面和深入的了解。随着阅历增加，人生沉浮，所经诸事令自己或颓丧失意或气愤愤恨之时，便愈感他的纯粹清正、率真浩大、圆融开释、超脱旷达。正如万千年来高悬空中、光泽世人的明月一样，他用"世不可无一难能有二"的卓然之姿，为无数后人点拨困惑，指正迷途，涤净灵魂。于是我更加将他视为楷模榜样，希望能学得其思想精神一二。幸赖如此，即使只仿得东坡先生为人处世的九牛一毛，也曾帮助我渡过一些迷津难关。

上一次读《苏东坡传》已经是在五年前，林语堂写《苏东坡传》，虽然自陈"并没有什么特别理由，只是以此为乐而已"，但自酝酿至脱稿，前后历经十余年，书中旁征博引，考究严谨，内容丰富翔实。为著此书，他查阅大量史料轶事、诗册文集、地理风俗及真迹墨帖，参考资料竟然多逾百种。如此看来，本书实可谓他的呕心之作。书中以"童年与青年""壮年""老练""流放岁月"为顺序，紧密结合了当时的朝堂政治、教育文化、地理风俗，为读者描述了苏东坡才情横溢、豁达乐观、坎坷曲折又波澜壮阔的一生。

林语堂为苏东坡作传，在我看来是一位赤子为另一位赤子录写故事。他说："我认为我完全知道苏东坡，因为我了解他；我了解他，是因为我喜爱他。""像苏东坡这样富有创造力，这样守正不阿，这样放任不羁，这样令人万分倾倒而又望尘莫及的高士，有他的作品摆在书架上，就令人觉得有了丰富的精神食粮。""苏东坡这样的人物，是人间不可无一绝难有二的。""苏东坡的人品，具有一个多才多艺的天才的深厚、广博、诙谐，有高度的智力，有天真烂漫的赤子之心。"他将对苏东坡的满腔喜爱和景仰倾注在自己的笔下，浸润到自己的文字中。作为一代语言大师，在书中他的文字或清新自然，或冷峻深刻，或幽默生趣，或惆怅太息，极尽笔力地描摹出苏东坡是如何命运寄于风雨，襟怀奉与苍生的。

我阅读此书速度较为缓慢，一是因为书中有些语言文字较为晦涩艰深，需要思考理解；二是只有慢下来读才能充分地咀嚼林语堂的文字，静下心来读才能深入感受苏东坡具有的不朽精神和伟大人格。而事实上，我确实在慢读的过程中清晰地感知到自己的内心逐渐宁静，灵魂受到熏陶。

纵观苏东坡的一生，经历过于丰富，思想过于博大，精神过于厚重，灵魂过于超脱。林语堂说他"是个秉性难改的乐天派，是悲天悯人的道德家，是黎民百姓的好朋友，是散文作家，是新派的画家，是伟大的书法家，是酿酒的实验者，是工程师，是假道学的反对者，是瑜伽术的修炼者，是佛教徒，是士大夫，是皇帝的秘书，是饮酒成癖者，是心肠慈悲的法官，是政治上的坚持己见者，是月下的漫步者，是诗人，是生性诙谐爱开玩笑的人"。可无论怎样具象的描画，都难以展现完整的苏东坡，反而是极其抽象的言语："在中国一提到苏东坡，总会引起人亲切敬佩的微笑"能够传神地勾勒出这位旷古难出的高士形象来。

苏东坡在中国历史上占据着特殊的地位，既是由于他对自己的信念主张始终坚定不移并能付诸实践，也是因为他诗文书画艺术上卓绝的才情。为人正则作文直，他的人品道德构成了他名气的骨干，他的诗词文章之美则构成了他精神魅力的血肉。苏东坡对于文章写作有着自己的见解主张，曾说："做文章大略如行云流水，初无定质，但常行于所当行，常止于不可不止，文理自然，姿态横生。"其实做人又何尝不是如此？有所为有所不为，既能从心所欲，又能不逾矩，巧妙把握其中的平衡，生命才能变得丰盈有趣。苏东坡一生历尽宦海沉浮，际遇与危机接踵而至，始终不变的是这种自然、厚正的人生态度，才能将自我化成巍峨入云的高山，让凡人尽皆仰望。

世事难料，此后数十年间他却正是因为自己忠正的人品道德和绝美的诗词文章才遭受一系列毁谤打压，身陷囹圄，四处贬谪，甚至险有性命之忧。因文屡致祸端并没有使他撅笔焚纸，只是让他更加温和、睿智，作文之乐是苏东坡终生难以割舍的，直至离世前两天，他还写下人生的最后一首诗。他在给友人的信中说道："我一生之至乐在执笔为文之时,心中错综复杂之情思，我笔皆可畅达之，我自谓人生之乐，未有过于此者。"如此情致高雅，偏又才思敏博，能以手中之笔将所见山川鸟兽、所悟哲理禅意淋漓宣泄于素纸之上，如何不让我等俗子羡慕敬佩。

下篇　书香致远　思以成行
——整本书读后感

苏东坡终身都是一个至诚的性情中人,他对苏辙说:"吾上可陪玉皇大帝,下可陪卑田院乞儿,眼前见天下无一个不好人。"因为太坦诚,不管跟谁说话,都会畅所欲言,不管合不合时宜,都会尽抒己见。"我本麋鹿性,谅非伏辕姿",他没有为官的架势,经常游市井坊肆,访山林寺庙,所到之处随性温和,丝毫没有高高在上的姿态,只如一学问稍多之凡人,令眼见者诧异不止。他常常感同身受地去理解别人,审问违犯新法的囚徒他说:"不须论贤愚,均是为食谋。"他反对伪道学,尊重人性,认为感官的生活与精神的生活是一而二,二而一的,二者相通相融。他写戏谑乱政的讽刺诗、启人灵思的山水诗、荡气回肠的爱情诗,有的诗轻松愉快惹人大笑,有的诗辛酸凄苦令人落泪。苏东坡源于生活,高于生活,又始终不会脱离生活,这是一种高境界。

他爱诗歌,才情丰盈使他永葆对生活的热爱;也爱哲学,智慧深厚让他能抵御诱惑而不致沉溺。他通儒家,渴望经世致用、兼济天下,却决不强求;也学释家,希冀脱离凡世困扰,却决不陷入虚妄;又悟道家,向往"挟飞仙以遨游",却不耽于其中,而是能以辩证之法开慰自我。这位大才很神奇地把诗的轻灵和哲的厚重合而为一,将儒家正视人生、佛家否定人生和道家简化人生的精神力量融会贯通,最终形成独一无二、超凡脱俗的苏氏风格,受到后人膜拜景仰。

苏东坡的一生大致可以划分为两个阶段,其间节点便是对整个大宋都造成深远影响的"王安石变法"。变法之前苏东坡幼年聪颖,青年得志,有家教良好的母亲教导,有同样优秀的兄弟苏子由自小陪伴。年仅20岁便登科进士,如果不是误会,他几乎名列榜首。虽然之后先后经历母丧父亡,妻子也离他而去独赴黄泉,但总的来说生活还算平稳。变法之后他则犹如狂风中的飞蓬,暴雨中的海燕,不断迁谪是他后半生的主旋律,幸而他飘摇又坚定地在一个又一个漩涡中抗争并寻求解脱。

王安石主导变法固然有其强国富民的初衷,但在改革的过程中却在事实上对人民生活和朝政机制造成了极大的伤害。朝廷与民争利,商人破产失业,农民卖妻鬻儿,监狱人满为患;当政者激进革新,拒绝察纳雅言,御史监察制度被破坏殆尽。在近乎独裁的相权威势下,大多数官员即使明知改革弊病也只得保持缄默,但凡对变法提出异议者都遭到痛斥贬黜,连司马光、韩琦和富弼等元老重臣也不得不远离朝堂。这时候苏东坡并未身居当政之位,完全可以明哲保身,但他却在政治的疾风骤雨中依然秉承自身一贯的坚直脾性和"实事求是"的处世原则,面对虚假与错误"如蝇在食,吐之乃已",连续向皇帝上书痛陈利害,后又在乡试出题中抨击新政,终于激怒王安石,被贬为杭州通判。

历史上很多文人都是"学而优则仕"的典范,他们往往也是政治好手。苏东坡除身负文豪之名外,为政方面也是干练之才。无论在何地担任什么职位,他不以个人境遇为重,而是造福地方,惠泽百姓。救婴助孤、抗洪抢险、修筑堤防、改良饮水、设立医院、免除民债、关心囚犯、去除恶俗、整顿军纪,他是一位实干家,常常用悲天悯人的赤子之心和光明磊落的丈夫之性在践行自己的道德精神。有些小事,并不难做,只要人想到去做,但仿佛只有苏东坡肯去做。他的目光从来没有离开苍生,有时候,无论他的诗文中如何水流潺潺,笑声琅琅,高朋满座,琴瑟和鸣,似乎都能在文字的背后看到人民的水深火热,听到百姓的幽怨呻吟。

"乌台诗案"应该是苏东坡人生所历的最大一劫,起因依旧是他写的诸多嫉恶如仇的文字,或歌咏百姓疾苦,或抨击乱政小人,终于被人罗织罪名投入狱中。政敌们必欲除之而后快,苏东坡几乎丧命,幸好得到皇太后和一众官员帮助,最终贬黜黄州任团练副使。有趣又可敬的是,在狱中拘押四个月又二十天、惶惶忧心性命的苏东坡在出狱当天就写了两首诗,其中难免又有足可以被敌人抓为把柄的词句。写完后,他自己掷笔笑道"我真是不可救药"。这种有感而发则必发,"常行于所当行"的态度和心性令我折服钦佩。

如果磨难没能毁灭你,就会成全你。古今中外多少人在苦难中顿悟,在烈火中涅槃重生。太史公在《报任安书》中说:"西伯拘而演《周易》;仲尼厄而作《春秋》;屈原放逐,乃赋《离骚》;左丘失明,厥有《国语》;孙子膑脚,《兵法》修列;不韦迁蜀,世传《吕览》;韩非囚秦,《说难》《孤愤》。"试想如果没有"乌台诗案"乃至后续的连遭贬谪,或许苏东坡难以洞察天地人性的真谛,他人性中最璀璨的光芒便无法绽放,我们见不到苏东坡生命的极致状态，世间少了一位睿智深沉、超脱豁达的思想者。

苏东坡在《自题金山画像》中用"心似已灰之木，身如不系之舟。问汝平生功业，黄州惠州儋州"几句总结了自己的后半生，言中多是唏嘘自嘲。但其实自黄州始，他所走过的每一处都给予了他新的天地、新的人生和新的觉悟。他重新审视自我个性，探求为人之道，以宗教之法辅以自然美趣终得澄清之心，走进圆融通达的境界。像他这样才情敏锐丰盈的人能对这个世界有更多细微且奥妙的感知，并且几乎无处不能享受其间的乐趣。从黄州到惠州再到儋州，无论地域贫富、人物贵贱、山川江湖、青楼寺院、诗人墨客、歌伎贩夫、僧人野老，苏东坡都能怡然于其间而自得其乐，而他也用自己的灵性和文思回馈给世界更丰富的内涵和更缤纷的色彩。他躬耕田亩，属文写书，研究美食，试验酿酒，修习瑜伽，炼制丹药，生活绝不荒废。即使穷困潦倒，他也很善于在安之若素中寻找到别样的乐趣，犹记他与多年门人马梦得比穷，说道："而仆与梦得为穷之冠，即吾二人而视之，当推梦得为首。"每想及此，莫不因他不曾消磨的诙谐莞尔一笑。

罗曼·罗兰说："世界上只有一种英雄主义，就是在认清生活真相之后依然热爱它。"无论生活以什么相貌展示给苏东坡，他总能保持乐天达观的态度回以微笑。他是心怀天下、永不言败的战士，是无畏苦难，热爱生活的英雄。

英雄的舞台总有落幕的时候，苏东坡六十四岁时在常州病逝，如同木叶回归大地。读到"一言不发，苏东坡便去了"，虽寥寥几语，我竟不由悲从中来，感叹不已。大概因为这等人才是夺了天地造化，难免引起上苍妒忌，苏东坡不算长寿；可如果以他的人品思想和文章学识而论，他的生命真正兼有长度和广度了。斯人已驾鹤西去，后人当幽思长存。

苏东坡留给世间的实在太多。他光明磊落、悲天悯人、乐天知命、超然旷达，为我们的精神家园犁出一片东坡；他浑身散发着清醒温和的光芒，为我们有时灰暗的天空升起一轮皎月。对我而言"于东坡望月"是一种理想境界，无论境遇逆顺、物质奢贫，在那里灵魂总能于淡泊宁静中安居，这大概是生活幸福的奥义吧。

高山景行，余心向往
——学习杜诗有感

四川省成都市第十二中学　张金成

"大江东去，浪淘尽，千古风流人物。"古往今来，无数璀璨夺目的文人志士都淹没于历史的长河中，但他们所留下的不朽诗篇和伟大的精神高标，仍然是值得我们崇敬膜拜的。自称"少陵野老"的杜甫与李白一道被视为唐诗世界中并峙的两座高峰。我更喜欢杜甫。杜甫天赋异禀，才华横溢，却历尽坎坷，壮志难酬，充满悲壮。"致君尧舜上，再使风俗淳"，其一生忧国忧民，关心国家社稷，从未因自身的穷困潦倒而改变。正如他自己所说："穷年忧黎元，叹息肠内热……葵藿倾太阳，物性固莫夺。"他心系百姓，担忧国家的情怀，就像植物的向光性一样，永远无法改变，这是多么的伟大啊！高山仰止，景行行止。虽不能至，然心向往之。下面就我学习的几首杜诗谈谈感受。

一、肝肠如火，涕泪横流的《自京赴奉先县咏怀五百字》

这首诗歌长共500字，是整个古典诗歌史上最早出现的长篇五言诗之一。这种篇幅非常长的五言诗是以前很少有的，是杜甫的时代出现的新气象。它题材重大，内容丰富，为诗歌的发展做出了重要贡献。就其内容来说，《咏怀五百字》是杜甫心路历程的记录。正如黄彻的《巩溪诗话》所说《咏怀五百字》"乃声律中杜老心迹论一篇也"。诗人把内心的情志、感受、思绪都表达出来，向人倾诉，且用诗歌的形式来写，文字形式上讲究声律和谐。

诗歌从"杜陵有布衣，老大意转拙"到"沉饮聊自遣，放歌破愁绝"共32句，这是诗歌的第一段。第一段作者表达了自己至死不渝的志向——"致君尧舜上，再使风俗淳"，这是古代读书人的共同的政治理想。杜甫说自己世守儒业，祖父是唐朝著名诗人杜审言，而他的父亲也是为任一方的父母官。他从小就受到良好的教育与熏陶，立下了高远的志向。这首诗写于天宝十四载（755），这一年杜甫44岁，此时他已经在长安困顿十年。这十年期间他为求一官，实现"致君尧舜上"的理想，历尽坎坷甚至是屈辱。"朝扣富儿门，暮随肥马尘。残杯与冷炙，到处潜悲辛。"是他长安悲苦生活的写照，然而十年过去，他在长安得到的却是右卫率府兵曹参军这样的卑微的官职。这个官职的具体职责就是替太子管理东宫的卫兵名单、马匹、兵器等东西，说白了就是东宫里的一个后勤官。这样的官职怎能实现他定国安邦的伟大志向呢？然而他却并没有因此而自暴自弃，反而是热烈地表达自己的志向："穷年忧黎元，叹息肠内热。"自己终年心忧百姓，内心非常痛苦。"肠内热"，或者叫"内热"是古人表示内心感情非常激动的状态，好像肚子里有火在烧。真可谓肝肠如火，忧君忧民，一片赤诚。梁启超先生号饮冰室主人，也是因为肝肠如火，不得不饮冰吧。他又说："取笑同学翁，浩歌弥激烈。"杜甫为什么说自己要被同学取笑呢？他这种芝麻大的小官，却有这样的宏大理想和热烈的情感，当然不被别人理解。那些取得高官厚禄的人都在取笑他，蔑视他。这么穷困，哪有资格在那里大谈理想呢？但他却还"浩歌弥激烈"，他还要用诗歌来表达他的这种志向，情感激烈，不管世人的诽谤，坚决不肯放弃。这种至死不渝的坚持就像葵藿永远向着太阳一样，这样的本性是外界力量无法强行改变的。杜甫在这一段反复申诉自己的志向，感情千回百折，描写情思委曲周全，给我们一种荡气回肠的感受。

　　从"岁暮百草零"到"惆怅难再述"这是诗的第二段，写杜甫这次旅行的经过。写他从长安出发到奉先，途经骊山的过程，主要是他在骊山脚下的一些见闻，反映了安史之乱前唐朝君臣骊山享乐的场景。瑶池气郁，君臣欢愉，乐动胶葛，赐浴长缨……杜甫对骊山上君臣的享乐生活做了极致的描写。然而彤庭分帛，自出寒女，鞭挞其夫，聚敛城阙。深刻地揭露了统治者对百姓无情的剥掠搜刮。"朱门酒肉臭，路有冻死骨"更是无情地揭露了当时权贵的奢靡与百姓生活的痛苦。"荣枯咫尺异，惆怅难再述"咫尺之间，墙里是荣，墙外是枯。杜甫觉得心里非常痛苦，这是再也无话可说了。

从"北辕就泾渭"到文末是诗歌的最后一段。这部分写了杜甫离开骊山，继续向奉先进发，以及到家后的情况。在本段里，作者真实地记录了渭水水灾和百姓悲惨的生活。群水西下，触天折柱。好不容易渡过渭水，回到家里。然而听到的却是"幼子饿已卒"。对此杜甫感到无比的悲痛与自责。"所愧为人父，无食至夭折"。他身为人父，竟然没有饭给儿子吃，让儿子夭折了。这是多么令人悲痛欲绝啊！然而这并不只是杜甫一家的悲痛，普通百姓过着更加悲惨的生活。"生常免租税，名不隶征伐。"唐代规定，凡是家中有先人，如祖父、父亲，做过较高品级的官，下一代就会收到荫护：可以不缴税，可以不当兵。杜甫受祖父杜审言的荫护，从小就不用交租纳税，服兵役。"抚迹犹酸辛，平人固骚屑。"杜甫这样的人家尚且如此，平民百姓就更加动荡不安了。不仅如此，杜甫还写到那些失去土地的农民，那些镇守边疆的士兵，他们的痛苦又当如何呢？在这种情况下杜甫说："忧端齐终南，澒洞不可掇。"他的忧愁一层层地积压在那里，堆积得像终南山一样，这么广漠无边的忧愁不可收拾啊！写到这里，全诗戛然而止，因为诗人再也说不出话来。

古人在评价这首诗时说："肝肠如火，涕泪横流。读此而不感动者，此人必不忠。"诗歌的字里行间，充满了杜甫对国家的忠诚，对百姓的忧虑，情感热烈饱满，他把满腔的情思毫无掩饰地倾吐出来，令人感动不已。

二、善陈时政的诗史《北征》

最早提出杜诗是"诗史"的是晚唐孟棨。他在《本事诗》中说："杜逢庐山之乱，流离陇蜀，毕陈于诗，推见至隐，殆无遗事，故当时号为诗史。"《新唐书》也说他"善陈时政"。杜甫诗歌伟大的意义不仅在于表现他自己的人生理想与忧国忧民的情怀，还在于他鲜明、生动、深刻地记录了"安史之乱"前后唐帝国社会现实。

《北征》是唐代诗人杜甫创作的长篇叙事诗，是"安史之乱"爆发的第二年八月诗人从凤翔到鄜州探家途中所作，叙述了一路见闻及到家后的感受，以及当时的政治、军事形势。全诗以归途中和回家后的亲身见闻作题材，叙述了安史之乱中民生凋敝、国家混乱的情景，陈述了自己对时事的见解。

下篇 书香致远 思以成行
——整本书读后感

　　标题《北征》的"征",是向某个方向旅行的意思。北征就是向北方旅行之义。诗的第一段交代了北征的背景和原因。"维时遭艰虞,朝野少暇日。"这个时候朝廷正遭受艰难,正是忧虑之时,朝野上下都一片忙乱,没有闲暇。在这样艰难的时刻,按理他该在朝廷辅佐君王,共克时艰,为什么会到北方去旅行呢?"顾惭恩私被,诏许归蓬筚。"诗人说自己感到很惭愧,君王的恩德施加到自己身上。而这个恩德什么呢?在朝野一片忙乱之时,朝廷正是用人之际,君王却下令让他回去探亲。这里委婉地表明了自己遭到君王的疏远,被撵出了朝廷的事实。诗人挥泪告别了君王,恍恍惚惚地前行。但他此时仍然一如既往地担忧国家。"乾坤含疮痍,忧虞何时毕。"整个国家都受了创伤,发生了天翻地覆的动乱,我的忧虑担心什么时候才能完结呢?

　　诗的第二段共 36 句,从"靡靡逾阡陌"到"残害为异物"。第二段作者记录了自己旅途的所见和感受。诗人行迈迟迟,经过故国的废墟,心中感慨万千。他看到了"人烟眇萧瑟""所遇多被伤",看到行人一边呻吟,一边流血,情况非常糟糕。然而这些远远不止,"夜深经战场,寒月照白骨。"深夜诗人行走在路上经过一片战场,看到许多尸体已经腐烂成白骨,凌乱地抛在野外。诗人真实反映了当时战乱给人民带来的痛苦,秦地百姓一半沦为异物,成为鬼魅。潼关失守,杜甫亲身经受了战乱,成了遭难的普通百姓。正是因为这样,他才看到、亲身体会到了战争给底层百姓带来的深刻痛苦,并将之记录下来。这是其诗被称为史诗的原因之一。

　　接下来的 36 句是诗的第三段,写他回家以后的情形。诗人历艰险,终于回到家中,但看到的却是满眼的辛酸。"经年至茅屋,妻子衣百结。"过了一年多才回家,妻子身上衣服破烂不堪,儿女蓬头垢面,衣不蔽体,历尽艰难终能团聚,全家抱头痛哭。回家之后,虽然生活艰难,但终能享受天伦之乐。

　　其后的部分,作者分别写了对国家形势的看法和对整个唐帝国命运的看法,表达了自己对国家命运的关心与美好期望。

　　古典诗歌不以表达时事为主要内容,更不以议论为主要内容,本诗突破旧有的藩篱,结合国家时事,以文代笔,波澜壮阔地发表宏大议论,关注国家命运,论述重大时政,这在以前的诗歌中从未出现,真正体现了史诗笔法。

杜甫的诗歌超过了1000首，对杜甫的研究更是浩如烟海。杜诗不仅有他无可替代的文学价值，更有值得后世敬仰的精神价值。高山景行，令人敬仰，杜甫不愧为千秋诗圣。

天堂旅行，人间修行
——《天堂旅行团》读后感

四川省成都市武侯实验中学　钱微

一

我曾经以为自己经历过人生的至暗时刻。

那天，我从床上醒来，阳光从窗外射进来，窗帘并不遮光，夏日的阳光格外刺眼。我妈推门进来，低声地给我说了一个消息，我脑袋"嗡"的一声，整个人就像被抽掉了灵魂，瘫在床上，脑袋一片空白。也不知道过了多久，我回过神来的时候，只剩下了我自己一个人，隐约传来到我妈在厕所洗衣服的声音，水龙头拧得很大，水声哗啦啦地响，但是明显掩饰不住里面夹杂的"呜呜呜"的哭声，我的心一紧一紧的，那声音幽幽咽咽，像刀子割，像石头磨，像银针刺。我就瘫在床上，四肢僵直，全无知觉。我闭眼睛想，阳光好刺眼啊，我好难受啊。如果我再次入睡，会不会发现，这其实是一场梦，醒来，就不会是现在的结局。

时至今日，这依然是我人生的至暗时刻。

今年，我看了一本书，张嘉佳的《天堂旅行团》。这本书的第一句话是："这算作我的遗书。"

我当时看到一愣。

下篇　书香致远　思以成行
——整本书读后感

因为喜欢张嘉佳的《云边有座小卖部》,喜欢里面诗一样的文字和温馨搞笑、清新忧伤并行的奇特文风,所以当他的新书《天堂旅行团》出来的时候就买来看了。偏偏那天我心情不太好,很是低落,越看心越沉重,整本书15万字,不算多,一个晚上,我就读完了。

初读,受了"内伤";再读,我所经历的至暗时刻还不算黑暗。

后来一段时间,我又陆陆续续读了几遍,做了六页摘抄,分享到了朋友圈,做了这本书的"自来水军"——免费宣传人员。

二

真实的情感共鸣和对书中人物的怜悯是我喜欢这本书的最根本原因。

张嘉佳写这本书的时候是抑郁状态,且焦虑症发作,会记录自己濒临死亡的感受,一共有12次,他的人生完全降到低谷。所以书中那些绝境的描写才会特别的压抑和冰冷,而这些描写吸引了我,因为我也处在不开心的境地,仿佛找到了共鸣,原来天底下人的不幸的感受是相似的。只是,程度远不如他。

我吃了很多苦,苦得对一切失去了耐心。不应该责备我什么,我就是个普通的男孩,相貌普通,能力普通,从来没有被坚定地选择,也没有什么要固执地捍卫。对这个世界来说,消失就消失了吧,起始单薄,落幅无声。

我很普通,也许经历的苦难同样普通,但窒息只隔绝了一点空气,却是呼吸者的全部。

他的每一个字都撞进我的心里,以前想要出人头地,想要干大事,想要过不一样的生活。大学期间四处奔忙,每天豪情万丈,在各个部门、组织间四处蹦跶,总觉得自己好厉害,好不一样。后来被人轻而易举地窃取了劳动果实又无力反抗只想嗤笑,才发觉自己渺小得像一粒尘埃,那段时间反复对自己念叨:想当将军,却发现自己是一个小兵,胸口还有一个"卒"字,那个"卒"字在我心上。

以前从来没有汹涌的爱意,也没有被坚定地选择,只是在时间的长河中装出自己很忙的样子。以前会想,除了父母,怎么会有人爱我呢。我这个人偶尔伤春悲秋，但是不会一直沉溺；我会难过，但是生来坚韧，所以与作者有同样无力的感受却不会真的像他一样自怨自艾。

我原本就在深渊，没有更低的地方下坠。我明明知道早就应该同意她的要求，可拥有她的岁月，就像穹顶垂落的星光，是仅剩的让我抬头的理由。

我比普通更差，人生给我最大的苦难就是无能。我羡慕那些只用学习和玩耍的孩子，做每件事无论能不能拿到满分，至少拥有自信。而我的胸腔中不停蔓延仇恨，我不想恨任何一个人，但遏制不住它的生长。

他笔下的那个男人，没有什么赚钱的本事，守着一个小破饭馆，把日子将就过着；妻子受不了贫苦无望、伺候瘫痪病人的生活，离家出走，此后唯一的联系就是每月发来的要求离婚的短信；母亲中风从此不太能自理，需要人服侍，看到孩子的生活过得这么苦，选择抱着装有保险单的铁盒子从三楼跳下，却不知道，选择自杀，意外保险不会理赔。这本书从开头就越看越难过，那个时候还只是难过，看到"医院过道，我跪在手术室前拼命扇自己耳光"，我所有的心理防线都已经崩塌。人生太苦，苦得只有大哭一场。深夜的时候，我呜咽大哭，像一条狗一样哽咽喘息。这个人物是作者塑造出来的千万普通大众的一员，面对着人生的深渊，碾碎了自己的快乐和期盼，痛得呕出心肝。这种极致之痛消灭了信念，毁掉了希望，只剩下黑暗。所以作为读者，我的内心泛滥起无限的悲悯之情。也许我们普通人就是这样，同情苦难，悲悯苍生，其实自己也过得并不是很好。

三

诗意的语言是我喜欢这本书的第二大原因。

那些令人窒息的黑暗感受经由如同诗歌一般美的语言表达出来，如同像长在悬崖的花，在黑夜里，在月光下，有着异常耀眼的美丽。喜欢美的文字，却不喜欢用文学分析的手法将它肢解剖开来细细分析，自以为每一种美的语言来自作者的人生体验和审美表达。细细读过之后又发现，这些人生体验和审美表达其实也是有技巧表达的，我就浅谈我最喜欢他写作的两个特点吧。

1. 新颖巧妙又贴切的比喻

遇见你，就像跋山涉水遇见一轮月亮，以后天黑心伤，就问那天借一点月光。

路灯在车窗上拉出一条条明黄的光带，像刀片划过蛋糕，油彩切开夜晚。

压抑是有实质的，从躯壳到内脏，密不透风地包裹，药物仅仅像缝隙里挤进去的一滴水，浇不灭深幽的火焰。

那些过不去的日子，从天而降，连绵不绝，像一条无穷无尽的隧道。

站在大雪纷飞的校园，我喝掉了那盒牛奶，像喝掉了自己的体温。

她说："你这个人就是棵荒草，别人稍微爱你一下，就恨不得把心都掏出来。但你是棵荒草啊，能掏出什么来，最多最多，把自己点着了，让人家暖一下手。"

全书我最喜欢的一段话是："遇见你，就像跋山涉水遇见一轮月亮，以后天黑心伤，就问那天借一点月光。"这句话是普遍适用的，人生就像一场艰难的跋山涉水，会到低谷会上高峰，能看见绿洲沙漠，会途经甘泉荆棘，行路的人风尘仆仆，身心疲倦，但是只要能够遇见一轮月亮，月光皎洁、月明如水、温柔陪伴，给伤痛的心灵一些安慰，即使后面会过得不堪，或者遇到天黑下来，心里悲伤，只要想起那一天的月光，心里似乎就会被抚平伤口，似乎能够借到一些力量。

所以我会憧憬，在我不堪下坠的日子里面有人能够接住我，不至让我重重摔落。小的时候渴望一鸣惊人，干番大事。长大了以后，在社会中生活了十年，现在不求飞黄腾达，只希望以后遇到人生难处的时候，有人有能力，能够接住我，不至于让我颠沛流离，无枝可依。

其他的比喻也是我反复品读的，"路灯在车窗上拉出一条条明黄的光带，像刀片划过蛋糕，油彩切开夜晚"。每一处的比喻新奇而贴切，最重要的是融合了作者极其浓烈的情感，连最客观的街景，也会变得像刀一样锋利和尖锐。

2. 虚实结合的人生表达

生命的终章，我踏上了一段旅途。开着破烂的面包车，穿越几十座城市，撕开雨天，潜入他乡，尽头是天堂。

小孩子得意洋洋，童年没有太阳，却惦记着亲手造一道光。

幼时母亲摘下花来，和着蜂蜜和糯米，酿一壶甜酒。除夕打烊收摊，她喝一杯，我舔一口，这年就过去了。回忆起来，舔的一小口，是我经历过为数不多的甜。

一个人内心有裂痕的时候，都是静悄悄的，这个世界没人能察觉。只有当他砰的一声碎开，大家才会听到。

这世界不停开花，我想放进你心里一朵。

以上摘抄的例句文采斐然，几乎都可以作为朋友圈的签名。"生命的终章，我踏上了一段旅途。开着破烂的面包车，穿越几十座城市，撕开雨天，潜入他乡，尽头是天堂。"作者历经了黑暗，最终由一个叫作小聚的女孩拯救，走出了无穷尽的黑夜，找到了生活的勇气。他和小聚从重庆到南京的旅程最终结束，但是生活并没有因此结束。撕开"雨天"可能更多的是撕开下雨淋得透湿的人生，路经他乡作为客人，看见生命的意义，这对他来说，可能就是天堂。

桂花、蜂蜜、糯米酒，代表着童年的甜甜的滋味，代表着小的时候我们天真快乐的生活，这是我们最初的快乐。人一旦长大，就要开始尝遍百般滋味，经历千番磨炼，所以作者才会说"这是我为数不多的甜"。这一句读来确实让人心疼怜悯。

我也很喜欢："一个人内心有裂痕的时候，都是静悄悄的，这个世界没人能察觉。只有当他砰的一声碎开，大家才会听到。"我们大家都是这样的，有着不打扰别人的自觉，所以很多时候需要自己消化所有的感受，可是消化不了的时候，就悄悄地裂开，一点一点地，由小小的缝，裂为了大大的口子，然后遍及全身，这种裂是隐蔽的，悄然的，周围人可能都没有注意到，直到有一天，那个人"砰"地一声完全碎了，人们才会惊觉："啊，他怎么了？"

"这世界不停开花，我想放一朵在你心里。"这是全我书第二喜欢的句子。我会想起《士兵突击》里面史今班长走的时候对许三多说的"三多，别再把想头放在别人身上。你这样的人，自己心里就开着花。班长走了，帮你割了心里头最后一把草。该长大了，许三多。"这个世界不停地开花，繁花璀璨，春光明丽，有的人心里一把野草，荒芜寂寥。我亦无所有，赠予一支花，不知道能不能给予你整个春天。我们常常喜欢"予人玫瑰，手有余香"，鼓励别人常常快乐了自己。这世界其实也没有那么糟，时时都有鲜花绽放，好事发生，如果有人不幸生得荒草遍地，那么我愿意从自己的花园里面，摘取一朵，放在他的心上，如果有一天，我不幸长满了杂草，那么希望有人不远千里，来给予我玫瑰一支，就像文中的小女孩"小聚"一样。

虽然这本书看起来是如此让人难过，但是我不会忘记，最后的结尾，主人公从深渊爬出来的那个时刻。如同作者自己所说，写这本书，是为了照亮那些行路的人。

最后附上《天堂旅行团》全诗

天堂如有人高高在上

你再低头看看

他们真的生病

像凌晨六点就灭的街灯

下落不明丢了光芒

天堂如有人高高在上

你再低头看看

悲伤有迹可循

谁都捂住嘴无法声张

毕竟他人有他人的忙

父亲消失

后来我看到他下葬

母亲坠落

她是为我无法动弹

我想举手投降

我想客死他乡
问题太多
那我去一次天堂
问题太多
那我去一次天堂

仿佛我还能活下去一样
回来的时候你要在场
女儿啊，别哭
遇见你
就像跋山涉水遇见一轮月亮
以后天黑心伤
就问那天借一点月光
女儿啊，别哭
回来的时候你要在场
问题太多
那我去一次天堂
约好谁都不要死在路上
回来的时候你要在场

女儿啊，别哭
记得吗
你的纸船托起我的一座高山
不怕一念之差
有你在就是来日方长

女儿啊，别哭
回来的时候你要在场

天堂没有旅行团
我在世界尽头张望
等你回来
全人类睡得正香
月光干净
落在手上
叫你的名字我心会一颤
余生相聚
永不离散

拉斯蒂涅的变形记
——《高老头》中拉斯蒂涅的形象分析

四川省成都市武侯高级中学　刘艳梅

长篇小说《高老头》（1834—1835）在巴尔扎克的小说中占有重要的地位，它解释了《人间喜剧》的中心图画，反映了复辟时期的法国社会，塑造了一系列具有典型意义的人物形象。拉斯蒂涅作为小说中最重要的人物，他的全部活动和性格演变具有特别深刻的典型意义。分析拉斯蒂涅形象，可以使我们更清楚地看到没落贵族变成资产阶级野心家的过程。

拉斯蒂涅出身于一个没落的贵族家庭，是当时纷纷从外省涌入巴黎寻求出路的无数青年中的一个。这个来自南方乡下的青年人，想凭借着自己一身的才华和满腔的热情投入到巴黎上流社会的战场，为的是实现当时国内大多数青年人的梦想——攒得一份属于自己的家业，赢得一份属于自己的爱情，博得一份属于自己的前途，在巴黎上流社会获得他的一席之地。然而，像泥潭一般的巴黎上流社会并没有他想的那么容易加入，此时"摆在他面前发财路一是自我奋斗，二是争取别人帮助，三是不择手段，勇敢、灵活地去同上流社会拼搏，杀进圣·日耳曼区的上流社会。他所利用的本钱便是自己年轻、英俊、狡诈和雄心勃勃，去风月场上获取贵妇人的青睐。当他目睹了上流社会的灯红酒绿、挥金如土的生活后，完全泯灭了青年人的善良天性和发奋用功的一点意气，选择了第三条路"。在这个风花雪月、明争暗斗、藏污纳垢的名利场上，拉斯蒂涅究竟是如何通过自身的变形，从下层社会一脚迈入到这个在当时有人艳羡而又有人沦陷的上流社会的呢？

一、野心的萌芽阶段

拉斯蒂涅的变形过程大致可以分为四个阶段。第一阶段是个人野心的萌生。我们首先来看看拉斯蒂涅的出场，相对于其他房客，作者在此所用笔墨并不算多，但句句为下文拉斯蒂涅在上流社会崭露头角埋下伏笔。他拥有一张法国南方型的脸：白皙的皮肤、蓝蓝的眼睛、乌黑的头发；他仪表堂堂且富有内涵，平日里虽衣着朴实，有时也能装扮得风度翩翩。这样一个有热情有才气俊俏活泼的大学生若是再加上一些外在的包装是很容易赢得贵妇们的欢心的。再看看这个来自南方的年轻人的家庭背景，他出身乡村，家庭成员包括父母、姑姑、两个妹妹、两个兄弟，家里每年田里的总共收入不过三千法郎，就要凑出一千二百法郎供拉斯蒂涅一年的学费和生活费。实际上，他一个人的前途关系到整个大家庭的前途，家庭的期望和重担一起压在了这个年轻人瘦弱的肩上。

初到巴黎之时，拉斯蒂涅还想通过自己学业上的用功，"像一切有志气的人，发愿一切都要靠自己的本领去挣"。可是通过一年寄宿巴黎的生活，他的见识改换了，思想也改换了。对比自己家里常年为他筹集经费省吃俭用的窘迫和圣·日耳曼区上流社会的纸醉金迷、奢侈浪费；再对比高雅社会美丽的贵妇、优美的舞姿、美妙的艺术品、阔绰的排场与伏盖公寓穷酸的房客、丑陋的吃相、难闻的饭厅、斑驳的墙壁……上流社会的金碧辉煌与下层社会的破败不堪形成了鲜明强烈的反差，因此也格外刺激了他的野心——决心进入巴黎的上层社会，只能成功不能失败！这样一个美好的理想对于这个初见世面的年轻人本是理所应当，然而现实却又是何其残酷。一个年轻人想仅凭自己的实力在金钱至上的巴黎社会出人头地实在太难，上流社会规则里明明白白地写着：光有才气、有野心、有抱负是万万不够的，要拥有权势、拥有爱情、拥有前途，得先拥有金钱！

二、探险的准备阶段

于是，这个"南方的野心家"开始了一场关于人生的赌博与探险，他要把个人无限膨胀的欲望充分转化成一个个计划和行动。这一阶段作者进一步描绘了拉斯蒂涅进入上流社会的心境，向读者展示了他扭曲了的丑恶的精神世界。一方面，他渴望通过"征服几个可以做他后台的妇女"来投身上流社会。于是，他通过姑母打听到了阔亲戚特·鲍赛昂子爵夫人——"以门第与财产而论，她也是贵族社会的一个领袖"，并凭借他的伶牙俐齿攀上了表姐弟这一层重要的亲戚关系，这也为他以后在上层社会出入打下了基础。接着他又迫不及待地去拜访了在舞会中一见倾心的雷斯多太太，幻想着得到雷斯多太太的青睐。然而在巴黎，没有显赫的家室，没有豪华的坐车，没有漂亮服饰，贵族们是不屑接待的，就连贵妇家的佣人也是以蔑视的眼神待他。拉斯蒂涅既是一个野心家，又是一个穷光蛋，要知道步行涉入富足的府第是相当难堪的，他却依然厚着脸皮坚持不懈。是欲望驱使他不顾廉耻地搞交际，在雷斯多太太面前碰了钉子后，扭头便去讨鲍赛昂夫人的欢心。在这里他第一次用上了心计：一句"我向你请教，求你当我是个可怜的孩子，愿意绕在你的裙下，为你出生入死"，使他获得了鲍赛昂夫人的大为关切。与此同时，他还通过鲍赛昂夫人搞清楚了高老头和两个贵族夫人之间的关系，并接受了鲍赛昂夫人对他如何打入上流社会、达到欲望的高峰的教诲——以牙还牙对付社会的极端利己主义人生哲学："你越没有心肝，越高升得快。你得不留情地打击人家，叫人家怕你。只能把男男女女当作驿马，把他们骑得精疲力尽，到了站上丢下来，这样你就能达到欲望的最高峰。"他要开始想方设法地征服纽沁根太太。这个阶段的他看到了社会的真相："法律跟道德对有钱人全无效力，财产才是金科玉律。"为了成功，为了欲望的满足，拉斯蒂涅义无反顾地走上了冒险家、野心家的道路，"往上爬，不顾一切地往上爬"已经成为他行动的指南。

三、野心的实践阶段

小说在第三章到第五章里着重围绕着拉斯蒂涅与纽沁根太太、泰伊番小姐二人的情感线索展开故事的情节，这期间是拉斯蒂涅的重要转变时期，也是他勃勃野心的实践阶段。他先以煽情的语言、威胁的方式写信给家人，拿到了母亲、姑姑和妹妹为他秘密筹集的一千五百五十法郎，他把这笔钱当作在上流社会交际的垫脚石，更当作他达到特·纽沁根太太面前的阶梯。得到这笔钱后，他逐渐忘却了先前念母亲回信之时的不安与惭愧，他不仅开始从外在精心打扮自己，甚至连心态也大为转变，似乎整个世界都是他的了。接下来他的计划日益明确，他通过缪莱和高老头收集到了有关纽沁根太太的各种资料，以便彻底看清形势，再去接近纽沁根家。然而当他第一次在剧院见到纽沁根太太时，果真对她一见钟情。起初的别用心地的设计与现在一见倾心的巧遇可谓不谋而合、一箭双雕，这也更激发了拉斯蒂涅不惜任何代价想要获得纽沁根太太的爱的决心，他甚至为赢得她的信任和欢心学会了赌博，此时他忘却了昔日的功课，彻底沦陷于金钱与爱情的流沙河里。然而，当他自觉与纽沁根太太的爱情无望之时，内心又萌发了另一个邪念——利用泰伊番小姐的感情，攫取她家的财富。他开始不知不觉地走上了资产阶级杀人不眨眼的强盗伏脱冷为他设计的"发财之道"，与一直暗恋自己的泰伊番小姐玩起了暧昧。这一邪恶的念头与拉斯蒂涅的正义、良知进行着持续而激烈的斗争，以至于他是非善难分、内心矛盾不已。当这两条情感的线索在某一刻重合起来时，拉斯蒂涅心中的问题便迎刃而解。一边，高老头兴奋地告诉拉斯蒂涅他们父女俩精心为他置办了单身汉公寓，为的是成全他与纽沁根太太真挚的爱情；另一边，伏脱冷宣布明天就要与泰伊番小姐的弟弟决斗，并且会毫无疑问地要了他的命，以便泰伊番小姐可以成功地继承家族的遗产。这也是全书的高潮,在这命运的分岔路口,拉斯蒂涅最后还是选择了他的善念——向泰伊番老头通风报信,也选择他的真爱——纽沁根太太。然而,事情的发展并非他所愿,泰伊番的弟弟最终死在了伏脱冷的刀下,泰伊番成了全城陪嫁最高的小姐。伏脱冷被为了领取三千法郎赏金的米旭诺出卖而最终被警察捕获。在争夺阿瞿达侯爵的斗争中,资产阶级洛希斐特小姐以四百万法郎的嫁奁,二十万法郎的年息为武器,迫使鲍赛昂夫人在金钱大炮面前败下阵来,告别繁华的贵族社会,退出社交界,到乡下隐居。在争取爱情与金钱的战役中,此时的拉斯蒂涅已看到了金钱的威力,也看到了爱情、亲情、友情的虚伪,他已经开始为了个人的利益变得无比自私,同时在其自私的背面他又无时无刻不被高老头对两个女儿纯粹而又伟大的父爱所震撼、所感动。此时的拉斯蒂涅早已不再是那个初入巴黎社会的稚嫩小伙,为了所谓的成功,他已经学会了不择手段,学会了在巴黎上流社会这个角斗场中自我保护,学会了在名利、权势、爱情之间斡旋。

四、最后的"学习"阶段

高老头之死最终完成了对拉斯蒂涅的教育。高老头为了女儿,不仅牺牲了百万家产,而且牺牲了爱情,牺牲了一切享受,甚至连最后一点养身活命的年金都被女儿剥夺了。两女儿平日里一遇到经济危机便来找高老头,然而在父亲生命危在旦夕之时她们却抽不出一点时间来看父亲最后一眼,让高老头最后孤独惨死在伏盖公寓。如果说,两个女儿是被丈夫禁锢了自由而不能抽身来参加葬礼还情有可原,那么高老头的这两个女婿真可谓是大逆不道了,连下葬的时候都只有特·雷丝多和特·纽沁根两家带有爵徽的空马车来送葬,家中的管事例行完公事以后便一齐溜走了。贪心的伏盖太太甚至想偷走高老头随身下葬的藏着两个女儿头发的胸章,只因为这枚胸章的外壳是金的。在目睹了"最伟大的父爱的象征"——高老头惨死在伏盖公寓却无人送终的场景后,拉斯蒂涅彻底地转变了。这时他也已然看清楚了巴黎的社会关系、人际关系——所有的关系都是金钱的关系,巴黎的社会就是金钱的社会。在这里,女儿敲诈父亲,丈夫敲诈妻子,情夫敲诈情妇,房东敲诈房客……人与人之间的关系被金钱这条线紧紧地拴在了一起，当你一无所有，一文不名，那么便是另外一番景象：女儿遗弃父亲、丈夫遗弃妻子、情夫遗弃情妇、房东遗弃房客，人人都无家可归了。最后拉斯蒂涅埋葬了高老头，也埋葬了自己最后一滴同情的眼泪。进而对上流社会发出了挑战的口号："现在咱们俩来拼一拼吧！"随后毅然决然向纽沁根太太家走去，走上资本主义野心家的道路。至此，拉斯蒂涅的"学习时代"宣告结束，一个年轻的野心家应运而生。

五、时代的牺牲品

拉斯蒂涅只是19世纪法国贵族青年中的一个，他的堕落和当时的环境是脱不了关系的。19世纪的法国，正处于社会大动荡的年月——1789年的法国大革命，宣告了封建等级制度的灭亡。尤其是骑着白马的拿破仑，为欧洲资本主义的发展开辟了广阔的道路，但欧洲的封建势力并不甘心退出历史舞台，他们勾结起来，最终在1815年打败了拿破仑。从此，法国进入波旁王朝复辟时期，直到1830年的七月革命，金融资产阶级才真正成为社会的主人，这样的社会现实对当时的贵族子弟产生了巨大的影响。对贵族青年来说，波旁王朝只是一个垂死阶级的回光返照。资本主义经济的蓬勃发展，使得经过资产阶级革命改造的社会基础与上层建筑领域里的反革命复辟这两者之间存在着不可调和的矛盾，重新确立的封建所有制关系已无法与资产阶级暴发户所代表的所有制关系相抗衡。虽然在1815—1830年间，封建复辟势力仍是政治上的统治者，但资产阶级却凭借经济上的优势，对贵族阶级展开了日复一日地冲击，资产阶级取代贵族阶级已成为历史的必然。因此，十九世纪初期严峻的社会现实真实地摆在了那些出身于贵族家庭的子弟面前：是固守已经变得一钱不值的门第观念和贵族道德，与这个阶级同归于尽；还是接受他们所瞧不起的暴发户们的道德原则，成为与他们一样的人——也就成为这一时期贵族青年必须做出抉择的问题。拉斯蒂涅就是以金钱为主宰的充满竞争角逐的社会的一个牺牲品。从某种意义来说，拉斯蒂涅个人的变形其实也是一个时代的转型的必然结果。

喜剧化呈现的伪善人生
——读戏剧《伪君子》有感

四川省成都市武侯高级中学 何悦

斯坦尼斯拉夫斯基评价《伪君子》时曾说过:"莫里哀所写的达尔杜弗不只是一个达尔杜弗先生,而是全人类的达尔杜弗的总和。"其实,不管是当时的法国,还是以后的时期,或者其他国家,以至于今日,都有达尔杜弗这样的人存在。成功的文学形象总具有穿越时空的不朽的生命力,有的甚至能从专有名词变成普通的具有代表意义的词汇。所以达尔杜弗才具有了长久性的意义,成为伪君子的这个代名词。

《伪君子》是莫里哀为了揭露当时社会上普遍流行的伪善的风气而写,其批判的矛头直指教会势力,将其恶习一并揭露给世人看,并达到警醒世人、参照自省的作用。作者另一部作品《唐璜》中一位无耻之徒曾经这样来谈论伪善:"虚伪是一种时髦的恶习,而任何时髦的恶习,都可以冒充道德。在所有角色里面,道德高尚的人是今天人们所扮演得最好的角色,而伪君子这种职业也有无上的便利。这是一种艺术,伪装在这里面将永远受到尊重;即使有人看破,也没有人敢说什么话反对。别的恶习,桩桩件件都难逃公论,人人皆可口诛笔伐之;可是虚伪是享有特权的恶习,钳制众口,逍遥自在,不受任何的处分。"

莫里哀深切地痛恨这群伪君子,于是用自己最擅长的手法——喜剧,对这种恶习加以鞭笞。他在《伪君子》的序中,反复强调喜剧的讽刺功能:"一本正经的教训,即使面面俱到,也往往不及讽刺有力,规劝大多数人,没有比描绘他们的过失更见其效的了。把恶习变成人人的笑柄,是对恶习最沉重的打击。"

《伪君子》中达尔杜弗本来是个图谋财产、贪恋女色的宗教骗子,却处处以宗教虔诚的姿态和苦修的道行为幌子来伪装自己。讽刺的喜剧性核心不是一般的平庸,而是自认为有高度性的平庸;不是一般的无足轻重而是狂妄自大并且企图蒙蔽我们的无足轻重。这些构成了达尔杜弗形象的讽刺性。

同时,达尔杜弗这一形象高度概括了世上所有伪君子的本质,所以当《伪君子》刚上映时那些"达尔杜弗"们看着台上揭露他们恶行,一个个坐立不安,对莫里哀也恨得咬牙切齿。宗教名流、贵族阶级都疑心这个人物是对自己的讽刺,所以他们联合各方势力向国王施压。积极地阻止戏剧的再次公演。这在说明了达尔杜弗形象的典型性的同时,也可以看出作为讽刺对象的"达尔杜弗之流"的如坐针毡。

喜剧的攻击性是伴随着笑声的,对于假丑恶不是怒骂斥责,而是讽刺挖苦。笑讽、骂讽具有一定的隐蔽性,讽刺的对象即使生气也无可奈何。想要报复却也无从下手。"戏剧作家就和朝廷中插科打诨的小丑一样,人们以蔑视的眼光看待他们,而他们正是利用这个蔑视才能畅所欲言的。"在《伪君子》中道丽娜说:"原来您这样经不起诱惑,肉身子对您起这么大的作用?说实话,我不知道您的心里热烘烘的,在冒什么东西,可是我啊,简直是麻木不仁,我可以从头到脚的看您光着,您浑身上下的皮,都别想动得了我的心。"这些话显然触到了达尔杜弗好色的软肋,达尔杜弗无言以对,只得威胁她说自己要离开。

剧作家迪伦马特说:"喜剧通过夸张的手法,使得观众变成可能受攻击,受欺骗,受捉弄而乐意去聆听那些在别的情况下他们不愿听的东西。喜剧就是一个捕鼠器,它很容易抓住观众,而且会一次又一次地抓住他们。"

在剧作中,莫里哀是采取的人物自我暴露的方法,由表及里,层层深入地撕下达尔杜弗假虔诚的外衣,揭露出他卑鄙的用心,他道貌岸然但本质丑陋,他伪装圣洁却贪吃贪喝、贪财好色、流氓恶棍的本质及其危害。

莫里哀先从其言行的表里不一,撕破了他伪善的外衣。一个外省的落魄

下篇　书香致远　思以成行
——整本书读后感

贵族刚到巴黎时，穷得连一双鞋都买不起，几乎沦落为乞丐。达尔杜弗的经历并非个案，随着封建制度的衰落，整个贵族阶级也随之衰败。他在以前生活的贵族社会里只学会了欺骗和伪善的手腕，最后沦落为了打着宗教旗帜的骗子。剧本第一幕第五场通过奥尔贡和莱克昂特的对话，揭露了他用假虔诚的伎俩，骗取得了奥尔贡的信任，混进了他家。

达尔杜弗的言行十分做作，表面上看是宗教的虔诚，骨子里却是对奥尔贡的谄媚。他在口头上宣扬他的"苦行主义"，生活不离教鞭和苦行衣。但其言行不一、贪吃贪睡。每顿饭要吃两只鹌鹑和半条羊腿。然后在自己暖暖和和的床上，安安逸逸地睡到天明。第二天早上又喝了4大杯葡萄酒。好吃好睡的生活，把他养成"又粗又胖，脸蛋子透亮"。这副模样，哪里又像一个苦行僧呢？他每天都大谈宗教教义，劝奥尔贡看淡尘世。奥尔贡就这样被他"洗脑"，变得冷酷无情，即使自己的亲人一个个死去奥尔贡也不在乎。达尔杜弗当众把募集的善款施舍给穷人，假惺惺忏悔不该弄死一只跳蚤……一切的行为都使他的伪善昭然若揭。

莫里哀深层次地揭露达尔杜弗的伪善对社会的危害性。达尔杜弗披上宗教信士的外衣混到奥尔贡家中，其目的是破坏别人的家庭，满足自己的兽欲，霸占别人的财产，以伪善的手段来达到掠夺的目的。剧本从第三幕开始就逐步深入地揭露达尔杜弗伪善的本质，让达尔杜弗以自己的行动剥下他虚伪的外衣，暴露出他的罪恶目的和凶狠面目。

莫里哀瞄准达尔杜弗"好色"这根软肋，把他彻头彻尾的伪君子伪善的本质给暴露出来。当达尔杜弗看到侍女道丽娜穿着袒胸的裙子时，马上要道丽娜用帕子把胸脯盖上，说看了灵魂会受伤。这有点此地无银三百两的感觉了。突出地表现了人物虚伪透顶的性格特征。本来他已经诱使奥尔贡把女儿嫁给他，又得寸进尺地勾引奥尔贡年轻貌美的妻子——艾耳密尔。当他见到艾耳密尔太太时，色相毕露，向她求爱。做出了与自己信士身份绝不相容的丑事，并公然说："私下犯罪不叫犯罪"，"如果上天和我的爱情作对，去掉这个障碍，在我并不费事"，是上帝将美集中在了太太身上，才引起他"不能不感到热烈的爱"。他诡辩的技术真不一般，把自己的淫欲解释是对上帝的爱。

当达尔杜弗的恶行暴露了自己的真面目时，他把自己骂得狗血淋头，贬得一钱不值。结果奥尔贡再一次上当，把儿子赶出家门，并把财产继承权送给了他。他居然以上帝的名义却之不恭地接受了继承权。他巧言令色，随机应变又无耻的程度无以复加。接着达尔杜弗再一次向艾耳密尔太太求爱时，却被撕下来画皮。最后他看自己的伎俩已经骗不了人时，索性露出自己的真面目，使出流氓恶棍的招数，把奥尔贡一家赶出家门，并以私藏政治犯的密信为由要抓捕他，企图置奥尔贡于死地，达到永久占有他财产的目的。这一切行为，他又找到了一个新的借口——"维护圣上的权益"。一切罪恶的勾当，他都能为之找到堂而皇之的幌子。我们看到了卑鄙者以卑鄙为通行证得道升天之时，不禁感叹阳光之下又哪有新鲜事呢？就像剧中末尾道丽娜说的那样："凡是世人尊敬的东西，他都有鬼招儿给自己改成一件漂亮的斗篷披在身上。"

莫里哀就这样一层层地撕下了达尔杜弗的画皮，其目的不仅是暴露其伪善的面目，更是强调这类人物的危险性和可怕性，以警戒世人要防范这类的"伪君子"。莫里哀的后一个目的，使剧本达到了相当的深度。法国十九世纪著名的戏剧评论家于尔·雅南针对这点精辟地指出："《伪君子》是人们头脑中所产生的最为可怖的悲剧。"现在"伪君子"成为伪善的典型，达尔杜弗也成了"伪君子"的同义词。

达尔杜弗这一形象高度概括了伪君子的本质，所以在剧作问世之后，社会上的宗教名流们都疑心这个人物是对自己的讽刺。伪善——不过是欲望使人扭曲、对钱的贪恋让人癫狂、权利的集中让人迷失。这一切我们已知不好、不对、不正确。在当代，伪君子依旧躲在键盘的背后扮演着圣母的角色，俯瞰世间众生疾苦，浅浅敲下："何不食肉糜？"然后以道德卫士自我标榜。这种崇高的道德光环足以麻痹任何时代的伪君子，粉饰出一个理想人格的自己。作者在嬉笑怒骂的艺术化喜剧呈现中，冷不防的一个场景就能让读者反观自己深藏于心、不敢为外人道的真实。

浅析卡夫卡作品中的异化
——《卡夫卡作品全集》读后感

四川大学附属中学初中部　屈敏

弗兰兹·卡夫卡是二十世纪西方文学现代派的鼻祖,是表现主义文学的先驱。特殊的家庭环境氛围使他养成了孤独、内向、忧郁的性格,加之他在上学期间深受尼采、柏格森哲学的影响,因而其文学作品用变形荒诞的形象和象征直觉的手法,表现被充满敌意的社会环境所包围的孤立、绝望的个人。这些作品中的人物几乎都与现实世界中的人不同,他们大多都是被"异化"的形象,和这个世界格格不入,并各自上演着不同的悲剧。这些异化现象大致可以分为人与社会的异化、人与人的异化、个人与自我的异化。这些异化主题和形象代表了卡夫卡对二十世纪世界文学的独特贡献,使人读后开始深思这个社会和人类自己的生存环境和未来。

一、异化形象产生的原因

卡夫卡作品中大量异化形象产生的原因主要有三个:一是卡夫卡的成长环境使他形成了孤独、内向、忧郁的性格。卡夫卡出生于布拉格的一个普通犹太人家庭,父亲白手起家,成为一个富有的商人,这样的经商经历使他父亲认为只有经商才能发财、才能成为社会的上层人,所以他坚决反对卡夫卡从事文学创作,强迫他学习法律,并专横粗暴地对他的学习进行干预。这些行为让卡夫卡在思想上形成了极大的压力和心灵上难以愈合的创伤。同时卡夫卡母亲的抑郁气质和多愁善感的性格特点,对卡夫卡孤僻忧郁、内向悲观性格的形成也有重大影响。而这种性格使他对自身文学作品中异化形象赋予了个人的思想观照。

二是当时整个社会都处于一个物质与精神都千疮百孔的环境中，人与社会更是有着巨大的隔阂。第一次世界大战的爆发，不仅极大地毁坏了人们赖以生存的物质世界，也加速了西方传统理性主义文化的毁灭。人们思想中更多的是对生存的恐惧和焦虑，这促使人们再次颠覆传统的观念和信仰，并逐步否定了真、善、美的存在，而呼喊出"上帝死了""一切价值重估"的口号。卡夫卡生活在奥匈帝国末期，一个政治上反动、腐朽的专制腐朽时代，这使他思想上感到极大的苦闷、孤独，他无法与社会沟通，更无法改变一切。这样的环境和经历给卡夫卡的创作提供了主题和源泉。

三是二十世纪的世界是一个科技飞速发展、工业文明的弊端已深刻暴露的社会。工业社会虽然在经济上、物质上极大地满足了人们的日常生活，但资本主义剥削的本质使普通人群的生存环境进一步恶化，人与人之间的关系维系在金钱上。为了获得更多的利益，人们忽视了自然，忽视了人性、人情，变得冷漠和麻木。这些都加剧了社会的不和谐和人际关系中的荒诞。这使得敏感的卡夫卡不得不对此产生深深的思考，并在作品中作出反映，因而他的作品中的人总是不自然，被异化的形象。

以上三种原因使卡夫卡感觉到自己生活在一个陌生的世界里，"没有社会地位、没有人生归宿、没有生存空间的生活环境"。德国文艺批评家龚特尔·安德尔对卡夫卡这种生活环境作了精辟地评价："作为犹太人，他在基督徒中不是自己人。作为不入帮会的犹太人，他在犹太人中不是自己人。作为说德语的人，他在捷克人中不是自己人。作为波希米亚人，他不完全属于奥地利人。作为劳工工伤保险公司职员，他不完全属于资产者。作为资产者的儿子，他又不完全属于劳动者。但他也不是公务员，因为他觉得自己是作家。而就作家来说，他也不是，因为他把精力耗费在家庭方面。'可是在自己家里，我比陌生人还要陌生。'"这样矛盾的生存环境使得卡夫卡在作品中主要用异化的主题和形象来阐明自己对这个世界的认识。

二、异化的主题和形象

异化这个词最早出现在十九世纪的黑格尔、费尔巴哈等人的著作中，马克思对它的定义是:"物对人的统治,死的劳动对活的劳动的统治,产品对生产者的统治。"而文学中的异化则是指世界不接受人或人不接受世界,以及人的自我失落与矛盾。

卡夫卡作品中的异化主题和形象主要有三类:

第一是个人与社会的异化。社会本是一个有秩序、完整的、为人们服务的体系,然而卡夫卡作品中的社会以及代表了社会的政府、司法机构却是人们前行和正常生活的阻碍物。社会不仅过度地约束着人的正常生活,甚至在腐败的制度中损害了人的生命。在《城堡》这部中篇小说中,主人公 K 来自一个外乡世界,他想要进入城堡却面临着各种莫名其妙的问题和困难。城堡中一个官职最小的人物都可以对他呵斥,更高阶层的统治集团像迷雾一样有着各种无谓的指示却又没显过真身。并且没有谁看到过这个城堡统治者的真面目,也不知道要进入城堡又该有哪些步骤,这些迷雾使 K 一直围绕着这个可能不存在的城堡重复地绕弯,直到他"再也走不动了"。荒诞的社会统治阶级和秩序使 K 消耗了生命也没弄明白自己为何要进入城堡,也不知道这个城堡是否存在过,真是可怜又可悲。

不一样的故事,一样的结局的还有《审判》中的银行助理约瑟夫·K。约瑟夫·K 在三十岁生日的早上莫名其妙地被两个官员逮捕并被宣判为有罪。他不明白自己到底犯了什么罪,于是在第一次审判时,他公然揭露法庭的黑暗,并四处奔波,找人帮忙写辩护书,但这一切都是徒劳,最后他被判处死刑。此刻他终于不再反抗,因为他对这个社会已经彻底失望了。在《法的门前》中,一个乡下人来到法的门前,守门的侍卫却不让他进去,于是他搬来板凳坐在法的门前,一天又一天,一年又一年过去了,他和侍卫已经熟识,甚至对他们皮衣领子上的跳蚤都很熟了。但在这毫无意义的等待中,从未有更高一级的人员出现过,在他生命的最后一刻,守门人告诉他,那扇将要关闭的门是专为他开的,可他一辈子的时间却只蹲守在荒谬的门前,可怒又可叹。

类似这样的故事还有很多,如《饥饿艺术家》《在流放地》等。在这些非理性的世界中,法律和政府成了剥削和压迫人的工具,个人不再是完整的自我，而是被各种无理的、荒谬的事件所异化后变异。人们的命运不再握在自己手中，经历完一切荒诞的事件后只能获得可悲的结局，甚至还会付出宝贵的生命。

第二是人与人关系的异化。在荒诞的世界中，个人与他人之间的关系也难以得到正常的维系，更多的是冷漠和麻木，父子、夫妻、姐妹之间的亲情、爱情、友情被金钱关系代替。这种异化关系突出体现在《变形记》中。格雷戈尔·萨姆莎是一位旅行销售员，他勤勤恳恳地工作，为家庭提供比较舒适的物质生活，但某天早上起来他却变成了一只大甲虫。尽管如此，他仍时刻记得自己的职工身份，并努力地想赶上火车，但此刻来到家里的全权代理不仅不理解他反而对他进行了严厉地训斥，金钱利益使得人与人之间产生了严重的隔阂。萨姆莎的家庭成员对他变成大甲虫后的态度更直接体现了人与人之间关系的异化。萨姆莎是整个家庭的经济来源，他不仅要为父亲还债，还想着送妹妹去音乐学院，如此心地善良的他失去赚钱的能力后，父亲对他先是充满敌意地呵斥和驱赶，接着是脚踢并用苹果砸他，这是造成萨姆莎死去的直接原因。而最懂他的妹妹最初虽然十分认真地照顾他，但最后仍坚信这不是他的哥哥，并提议把他弄出去。母亲面对亲生儿子的变化除了不能接受便是恐惧，甚至怕见到他这个怪物。当萨姆莎带着伤痛和伤心死去后，一家人不仅不难过，反而觉得如释重负，应该好好地休息一下，于是全家人快乐地去郊外散步，因为他们在萨姆莎妹妹的身上又发现了"新的梦想和心愿"。

在短篇小说《判决》中，格奥尔格·本德曼和父亲虽然保持着基本的家庭生活，但是他却几个月没进过父亲的房间，当他意识到自己应该多关心父亲的时候，父亲长久的嫉妒表现了出来。他觉得儿子不仅欺骗了他的朋友，还骗取了他的资产，甚至还幻想儿子会杀了他，于是他判决儿子去自杀，而本德曼在恍惚中居然真的跳河自杀了。在这些作品中，人们之间没了信任，没有友好，只剩互相猜忌和暗算；人与人之间的关系也不再是温馨的、纯洁的，而是全打上了金钱、利益的烙印，这是一种非正常的、异化的关系。

第三是个人与自我的异化。在异化的世界和异化的人际关系中，个人也难逃自我异化的命运，因为只有这样，个人才能继续生活在这个荒谬的世界中。《变形记》中的萨姆莎最初也不能接受自己的变形,但是随着时间的推移,他发现自己不再喜欢以前钟爱的食物,也认为在房间中爬行是一件快乐的事,这意味着他已经接受了动物的生活,并接受了这种由人到畜生的改变。《饥饿艺术家》中靠表演忍受饥饿来维生的艺术家在马戏团中像动物一样被关在牢笼中,对此他不仅不感到痛苦,反而觉得越多的人来观看越是对他艺术表演的肯定。艺术家在不知不觉中已经异化为被人们观赏的动物,他忘记了作为人的基本生存需要,人们也把他当动物看待。但可悲的是,他为艺术而牺牲的精神却抵不过人们观赏狮子的热情。在《地洞》中,鼹鼠像人一样有着活跃的思维,它时刻担心着自己的生命安全,于是不停地修筑自己的地洞,努力地储存食物,但即使这样它也会为墙上掉下的一粒砂子而担忧不已,然而这样使它担忧的事却从未少过。于是它在不停地修筑地洞,不停地担忧中惶惶终日。

在卡夫卡的这些作品中,独特的视角,入木三分的描写为二十世纪文学提供了特殊的异化主题和形象。这些小人物在荒诞的世界中变得不安而迷惘,他们不仅遭受着不公正的待遇并自己最终也难逃异化的命运。这样恐怖的画面和故事不仅在卡夫卡年代给人带去深思,在今天社会,也继续引导着人们对世界、对人与人、人与自我进行思考。